ニュースの未来

石戸諭

光文社新書

はじめに

今、「ニュース」に携わる人たちは大いに自信を失っています。

僕がかつて所属していた新聞社の記者は、新聞産業が衰退していく歴史のただ中に自分たちがいると思い、若手は自らのキャリアについて考え込んでいます。他方で、中堅やベテランはキャリアを積めば積むほど、旧来の価値観から抜け出すことができなくなり、硬直した姿勢でニュースを再生産しているように見えます。

同じく僕がかつて所属していたインターネットメディアは、新聞や雑誌から人材を引き抜く動きが一段落し、オルタナティブというより、スケールダウンした「マスコミ」のようになっています。著名人頼みのお手軽な発言まとめやインタビュー記事、派手な見出しに釣り

合わない中身……。そんなものばかりがニュースとして流れています。

テレビは視聴者離れを憂い、綺羅星《きらぼし》のようなライターを生み出してきたいくつもの雑誌が歴史的な使命を終えて、休刊という道を選びました。ニュースは金がかかる、という理由で潤沢な取材費を出せる媒体も減ってきていることは間違いありません。ニュースをめぐる環境は悪くなっていくばかり……と誰もが思っています。

　本当に希望はないのでしょうか。

　問題は常に混同されています。マスメディア企業あるいは産業の問題と、個人の問題は重なるところがあったとしても、本質的には別のものです。マスメディアが今の規模で残れるかどうかと、自分のキャリアをどう描くかは別の問題であるにもかかわらず、経営者ではない若手まで会社の経営問題ばかり語って悲観している。これでは、未来は切り開けません。

　マスメディアが衰退していったとしても、ニュースが求められなくなる時代などないと僕は考えています。それは市場規模の大小はともかく、ニュースの発信者は常に求められる存在だということです。いつの時代も、どんなテクノロジーがあっても、誰かがニュースの発信を担い、きちんと利益を上げる必要があるのです。

　今の時代、そして、これからの未来に僕が必要だと思っているのが、魅力的な「良いニュ

ース」を創るためにどうしたらいいのかという方法の追求です。良いニュースを伝えるために何をしたらいいのか。より多くの人に届ける工夫とは何か。今のインターネットに足りないものは何か。新しいメディアにふさわしい、新しい表現方法とは何か。追求が必要な課題はたくさんあります。

そこにはライターに不可欠な書き方や表現の工夫とともに、発展し続けるテクノロジーの力をどう使っていくのかという議論も含まれます。僕はこの本のなかで、こんなことを書いています。

良いニュースは、クリエイティブです。
良いニュースは、人をわくわくさせる力があります。
良いニュースは、変革へのエネルギーを生み出します。

ニュースが生み出される環境はかつてないほど多様になっています。担い手は従来のようにマスメディアだけではありません。企業も自らの手でウェブサイトなどを通じて「ニュース」を発信し、自社でオウンドメディアを運営し、社内で編集者を抱えるところまでありま

す。そこでは目を見張る記事もあれば、せっかく発信しても読み手に響かない記事もたくさんあります。スマートフォンの登場でニュースに触れている時間も増えました。ニュースの世界はかつてないほど拡張し、「良いニュース」についての議論は必要なのに、まだ十分になされていないのが実情ではないでしょうか。

この本の前半部分は、東京大学大学院情報学環教育部での講義がベースになっています。僕にはアカデミズムのキャリアはありません。必要なトレーニングも積んでいません。そんな自分が、ニュースの仕事に関心を持っている学生たちに何を伝えられるだろうか、ということを考えてきました。

ヒントは僕が歩んできた道のなかにありました。２０００年代半ばに新聞社に入り、隆盛するインターネットメディアに新しい可能性を感じ、しかし、理想に燃えるばかりでは現実に対応することができず、組織を離れていったこと。そして、今、ソロのライターとして仕事を続けていること……。

テクノロジーの可能性と現実に直面するなかで、メディアが変わっても、ニュースの世界では変わらない「基本」がある。この気づきが「良いニュース」を考える基軸となったのです。

この本では、多くの事例で自分が書いた記事を使いました。それは僕が「良いニュース」を生み出しているからだ、という自意識からではなく、ライターならば他人の仕事をどうこう語る前に、自分の仕事で語ったほうがいいだろうという考えに基づくものです。

ニュースに関わる記者やライター、編集者、経営者、ディレクター、番組制作者、エンジニア、企業の担当者も含めて、きっと一人ひとりの仕事に未来を切り開くヒントが宿っているはずです。そのなかには、強烈な失敗もあれば、誇らしい仕事もあるでしょう。僕の事例が読んでもらった人たちの刺激となり、新たな気づきが見つかれば嬉しいです。

僕自身も試行錯誤し、変化を繰り返しながら、ライターとして、「良いニュース」を創っていくための途上にいます。きっとこの本を手に取ってくれた多くの人々も、自分が目指す道の途上にいると思います。もしかしたら、ニュースに関わりたいと思っている人もいるかもしれません。未来は、そんなみなさんの手の中にあります。

前口上はこの辺にして、ニュースの未来にとって何が大事なのか、どうしたらいいのかを具体的に明らかにしたいと思います。この本を読み終えたとき、こんな風に思ってもらえたら、これ以上の喜びはありません。

ニュースの未来は魅力的で可能性に満ちている、と。

ニュースの未来　目次

第2章

インターネット時代のニュースとは何か　39

第3章

「良いニュース」の五大要素　81

第4章

新しい記者になるための条件　115

第6章 ニュースと出版文化の相性 209

第7章　「良いニュース」を創るために　239

目次・章扉デザイン 榾田祥仁

第1章

ノーベル文学賞作家とフェイクニュース

ガルシア＝マルケスのリアリティ

ノーベル文学賞作家が遺した謎めいた言葉からこの本を始めてみようと思います。彼の一言がニュースの本質を見事に表現しているからです。

> たとえば、象が空を飛んでいると言っても、ひとは信じてはくれないだろう。しかし、四二五七頭の象が空を飛んでいると言えば、信じてもらえるかも知れない。
> （「想像力のダイナミズム」『すばる』１９８１年４月号）

この本のなかでも数多く参照することになるノンフィクションライター時代の沢木耕太郎《さわきこうたろう》さんのエッセイを読んでいたとき、目に留まった言葉です。コロンビア出身の作家、ガブリエル・ガルシア＝マルケス。彼は20世紀を代表する傑作『百年の孤独』を書き上げた小説家として知られていますが、キャリアをたどれば元ジャーナリスト、つまりニュースの世界の住人だったのです。

「えっなんで文学の話なの？　ニュースの話じゃないの？」と思う方、どうぞもうしばらくお付き合いください。この話は、２０１０年代のニュース業界で最大の問題となったフェイ

クニュースについて考えることにつながってくるのです。

ガルシア＝マルケスが磨き上げた小説手法は魔術的リアリズムと呼ばれました。その特徴は、とてつもなく不思議で幻想的な世界を描きながら、表現が異様なまでに細かいところにあります。たとえば彼の小説では人が空に浮きます。これだけならファンタジー小説でおなじみの表現になるのですが、彼の場合は表現が一味も二味も違っていて、ただ浮くのではなく「12センチほど」浮くのです。

「小町娘」（美人と評判の娘）のレメディオスはシーツと一緒に空に舞い上がり姿を消してしまうのですが、それはこんな風に描写されます。あまりにも有名なシーンなので、ちょっとだけ引用してみましょう。

> 目まぐるしくはばたくシーツにつつまれながら、別れの手を振っている小町娘のレメディオスの姿が見えた。彼女はシーツに抱かれて舞いあがり、黄金虫やダリヤの花のただよう風を見捨て、午後の四時も終わろうとする風のなかを抜けて、もっとも高く飛ぶことのできる記憶の鳥でさえ追っていけないはるかな高みへ、永遠に姿を消した。
>
> （『百年の孤独』）

後のインタビューで、ガルシア＝マルケスはこのシーンの元ネタを明かしています。曰く、彼の家に洗濯にやってきた女性が、風の強い日にシーツを干そうとしていたときのこと。彼女はシーツが吹き飛ばないように風に語りかけていたそうです。そこで彼は思いつきます。レメディオスを昇天させるには、強い風に舞ったシーツに乗せればいい。シーツという身近にあるものを使い、風に舞っている様子を詳細に描写することで、いかにも起こりそうだと思わせる工夫ができると語っています。

その工夫を彼は「ジャーナリズム的方法」と呼びます。たしかに『百年の孤独』は、神話的な世界をまるで作家自身が見てきたかのように第三者的な視点から**ディティール（細部）**を書き込み、状況を描写し、シーンからシーンへと物語が連続していきます。これはルポルタージュの技法そのものです。

「魔術的リアリズム」を僕なりに言い換えれば、幻想的なシーンを本当に起こりそうなことだと信じ込ませるために、ジャーナリズムの方法を使って表現する文学の技法です。

僕が『百年の孤独』を本当の意味で読むことができたのは、20代後半になってからでした。作品そのものは、お世話になった高校の英語の先生（その先生はスペイン語が専門だったので

す）から、卒業時に「いつかは絶対に読むように」と言ってプレゼントされたこともあり、大学生の頃に挑戦してはいたのですが、「不思議なことが書いてある小説だなぁ」程度の理解しかできないまま本棚に置きっ放しにしていました。

　理由は忘れてしまいましたが、新聞記者になって数年たったある日、休日にちょっと読み返してみて、僕は初めて読んだとき以上に驚くことになります。「これって僕が上司に言われ続けてきたことを、全部盛り込みながらフィクションが書かれている」。彼はニュースの方法論、具体的にはディティールという「事実」を盛り込むことで確からしさが増していくという方法を文学に応用していたのです。取材のときに新人の頃から必ず言われたのはディティール、細かい情報を取ってくることの重要さでした。

「刃物」ではなく、ナイフなのか包丁なのか刀剣なのか。刃渡りは何センチなのか。市販されているものなのか、特別なものなのか。「車」なら色は何色か。セダンなのかワンボックスなのか軽乗用車なのか。メーカーはどこで、車種は何か。「男」なら背は何センチくらいか。体型は標準的か、太っているのか痩せているのか。職業は、年齢は、住所は……。

　そんなもの、何が重要なのかと思う人もいるでしょう。僕も最初はそうでした。ディティールの効果を知ってもらうために、以下、適当な文章を書いてみました。

男は一人、野球場で野球を見ながらビールを飲んだ。美味しいと思った。

男は一人、浜風が吹き抜ける真夏の甲子園の外野席に腰掛け、白球を追う球児たちを見ていた。日差しは今日もきつかった。買ったばかりのプラスチックカップに入ったビールを、一気に飲み干した。腕時計に目をやると、午後1時を少し回ったあたりを指している。昼間から、堂々と酒を飲めることが嬉しかった。飲み慣れたスーパードライの刺激が心地よい。

どうでしょう。記述される出来事は同じなのですが、前者に比べて後者のほうが、本当っぽさが増している気がしないでしょうか。あるいは、こう聞かれたらどうでしょう。どちらの文章を読んだときに、本当に男がいそうだなと思えるのか。これも断然、後者です。

季節が特定されていることで、どうもこの人は何か事情があって一人で高校野球を見にきていることがわかります。ビールも好きなのでしょう。休みかどうかはわかりませんが、とりあえず昼間から飲んでいるようで、特定の銘柄へのこだわりも隠していません。こうした

細かいファクトは、読み手の想像力を刺激します。

ディティールがあることで、果たして、この男の正体は……とより具体的な文章を続けることができるのです。前者の文章は、後者の要約以下の代物であることがわかるかと思います。事実であったとしても、嘘が書かれていないというだけです。文章は続いていきませんし、まったくシーンを思い浮かべることができません。よほどの工夫か文章力がない限り、情報が少なすぎると、読み手は途中で読むことを放棄します。

人は細部が描かれることによって、どうにもリアリティを感じてしまう性質があるようです。ここで、ガルシア＝マルケスの言葉を再び、思い出してみましょう。

ある日、ふと空を見上げると象が空を飛んでいた。

ある日、ふと空を見上げると四二五七頭の象が空を飛んでいた。

リアリティがあるのはどちらでしょうか。これも後者です。ただ象が空を飛んでいたと聞いても「見間違いでしょ」となりそうなものですが、「四二五七頭の象が空を飛んでいた」

と言われたら空一面に象が飛んでいる様子が思い浮かびます。僕は草原に寝そべりながら、象を数えている少年の姿を想像しました。

『百年の孤独』の引用に戻りましょう。ガルシア＝マルケスは「レメディオスが空に舞い上がり、昇天した」と一言で記したら、それが凡庸《ぼんよう》な描写にすぎないことを知っていました。だからこそ、意識的にニュースの方法を使ったのです。

風はただの風ではなく、ダリヤや黄金虫も一緒に吹かれているような強風でないといけない。それくらいの強風だったら、シーツだってバタバタと風に吹かれるでしょう。こうした文章があることで、普通ならありえないシーツが魔法の絨毯《じゅうたん》のように人を乗せて空を飛んでいく絵が想像できるわけです。

午後4時も終わろうとする頃、という時間帯も明確に記録して、さらにディティールを足していきます。すべての文章にリアリティを増すための仕掛けが施されていることがわかるでしょう。

リアリティを作り出す手法

この方法を思いついたガルシア＝マルケスは、やはり天才としか言いようがありません。

彼の仕事を振り返れば、ジャーナリスト時代から魔術的リアリズムに接近したルポルタージュがありました。「1958年6月6日、干上がったカラカス」（『幸福な無名時代』所収）です。

このルポは、冒頭にわざわざ「もしあした雨が降ったら、このルポルタージュは嘘だったということになる。六月に入ってまだ雨が降らなかったときに読んでみること」とご丁寧な忠告がついています。

掲載されたのはモメント誌1958年4月11日号です。つまりルポルタージュと称していますが、このルポそのものが思いっきり「フィクション」なのです。彼の意図は水がなくなった街の未来をシミュレーションすることによって、渇水《かっすい》問題を可視化し、対策を促すというところにありました。目的によって彼のルポは正当化されますが、良く言えば実験的、悪く言えば創作を禁じるジャーナリズムの作品としては、かなり危うい代物と言えるでしょう。

さて、注目すべきはガルシア＝マルケスが、このルポでもお得意のディティールの積み上げという手法を使って、リアリティを獲得していることです。たとえばカラカスに住むドイツ人技師、サムエル・ブルカルトに関する描写を見てみましょう。ブルカルトは水不足を前にフルーツ・ジュースを買います。彼はヒゲをレモネードで剃《そ》ろうとするのですが、レモン

果汁で中和されてしまい石鹸《せっけん》が泡立たず、黄桃のジュースでヒゲを剃ることを決意します。

要約すればここでの出来事は、水不足だからブルカルトはジュースでヒゲを剃るということなのですが、ガルシア＝マルケスは水がないという切迫感を伝えるためにレモネードでヒゲを剃ろうとする描写を入れ、それでは石鹸が泡立たないというディティールを加えることによって、シーンをさらにリアルなものとして想像できるように仕向けているのです。加えて、そこまでしてヒゲを剃りたいブルカルトという人の性格も表現されています。

ここから明らかになることがあります。方法自体に罪はありませんが、彼が編み出したフィクションにリアリティを与えるニュースの方法論をそのまま悪用すれば、より確からしいフェイクニュースを作ることもできてしまうということです。

なぜフェイクニュースに騙されるのか

話を進める前に、簡単にフェイクニュースの定義について考えておきたいと思います。とはいえ、この本はフェイクニュース論ではないので、さしあたりこれだけ押さえておけばいいという程度のものです。朝日新聞のサイトでは二つの定義を参照しています。

第一にオーストラリアのマッコーリー英語辞典による定義です。「政治目的や、ウェブサ

イトへのアクセスを増やすために、サイトから配信される偽情報やデマ。ソーシャルメディアによって拡散される間違った情報」。

この定義は、インターネット上での拡散という現象とフェイクニュースを作ろうとする動機に重きを置いたものです。

第二は英国のコリンズ英語辞典の定義です。「ニュース報道にみせかけて拡散される虚偽の、しばしばセンセーショナルな情報」。

こちらは、より方法論・スタイルに注目した定義を試みています。このように、フェイクニュースは辞典編集者によっても定義がかなり揺れている言葉ですが、個人的には、両方の定義の中間を取るとそれなりにバランスのとれた定義になるのではないかと思います。

ニュースの方法論を使った虚偽のニュースが、インターネットという新しい技術に乗って流れている。古い問題と新しいテクノロジーの問題がミックスされているところに、今日のフェイクニュース問題があると言えるでしょう。この本はニュースの方法について考える本ですので、さしあたり第二の定義のほうに比重を置いてフェイクニュースを考えてみようと思います。

よくできたフェイクニュースほど、ディティールを書き込むというニュースの方法論をう

まく使っています。そして、ニュースの歴史からわかるのは、よくできたものはプロの目、それも一流のプロの目をも騙《だま》すということです。

ニュースの歴史に残る「フェイクニュース」と言えば、アメリカを代表する新聞、ワシントン・ポストによる「ジミーの世界」事件です。それはこんな報道でした。

時は１９８０年、筆者は黒人女性記者のジャネット・クックです。彼女による渾身《こんしん》の現場レポート「ジミーの世界」は、１９８０年９月28日、名門紙の１面を大々的に飾りました。ワシントンに８歳の少年ジミーが住んでいる。彼は母親の知り合いから手に入れたヘロインを打っていて、わずか８歳という幼さで麻薬常習者になってしまった。ディティールをふんだんに盛り込み、アメリカの暗部を告発したレポートは大反響を呼び、何としてもジミーを救出しなければならないと世論も盛り上がりました。

この記事は、１９８１年、アメリカの記者ならば誰もが憧れる最高峰の賞、ピュリッツァー賞に輝きました。ところが、です。ジミーなる少年はいくら探しても存在が確認できません。さすがに疑問の声が高まるなか、疑惑追及のきっかけになったのは、クックの経歴詐称でした。ＡＰ通信が報じた彼女の経歴詐称疑惑を発端《ほったん》に、記事そのものがねつ造だったことが明らかになるのです。以下、ワシントン・ポストによる調査と、ノンフィクション作家・

柳《やなぎ》田《だ》邦《くに》男《お》さんの『事実を見る眼』を参照しながら、ことの顛末《てんまつ》を見ていきます。

調査の結果、ジミーは架空の少年で、そんな男の子はどこにもいなかったことが明らかになります。ワシントン・ポストはピュリッツァー賞を返上し、クックは職を辞します。同紙は、記事の調査をしたオンブズマンのビル・グリーンによる徹底した報告書を公表するのですが、それがなかなか興味深い。グリーンは編集主幹を筆頭に47人に聞き取り調査をしていて、クックの採用過程から記事の掲載がどう決まったかなどを克明に記録しています。彼女は最初から疑惑を否定し続けますが、追及に対してすべてねつ造だったと認めるに至ります。

クックの直属の上司、ミルトン・コールマンは彼女の草稿を読んだとき、そのシーンの描写力に驚き、まったく疑うことがなかったのです。当時、ワシントン・ポストの編集局次長は、アメリカ・ジャーナリズムを代表する古典的名作『大統領の陰謀』を記したボブ・ウッドワードでした。彼もまたピュリッツァー賞を受賞したトップ記者であり、クックの原稿を発表前に読んでいます。ウッドワードほどの記者が、読んでも書かれた中身を疑うことはなく、彼女が書いた記事を読んで「素晴らしい」と絶賛する証言を残しています。

事実を見極めることについて、社内にこれだけ力を持った記者がいながら、ねつ造がわかるまで相応の時間がかかっています。

僕が初めてこの事件を知ったとき、ねつ造であっても名誉ある賞を取るところまではいけるんだなと思ったものでした。社内の目をくぐり抜け、あろうことか最高峰の賞まで受賞する。たしかにクックの文章力はかなりのものがあります。シーンの描写も見事で、レポートの出来栄えは完璧に近い。彼女がもし作家になっていれば、きっと相当な実力者として名を馳せたでしょう。

ここから導くべき教訓は、ワシントン・ポストの記者たちがまったく無能なのではなく、プロであっても、豊かなディティールがある嘘を見抜くのはとても難しいということなのです。逆説的ですが、プロだからこそディティールの罠《わな》にはまり込んだという見方もできます。「8歳の男の子が麻薬常習者になった」と言っても信じてくれる人は少ないかもしれない。しかし、どんな男の子でどこに住んでいて、どのようなルートで手に入れたヘロインを、どのように打つのかまで書かれたらリアルに存在するかもしれないと思ってしまう。それがニュース的な方法論の可能性であり、同時に怖さでもあるのです。

ガルシア＝マルケスの「四二五七頭の象」と同じ方法を駆使すれば、ねつ造記事もまたリアリティを増していく。この時代に、僕がアメリカで記者をやっていたとしても、ワシントン・ポストの記者と同じように最初は騙されてしまうだろうと思います。

フェイクはディティール＝細部に宿る――。

歴史を振り返っても、プロをも騙す厄介な嘘つきは細かい情報を的確に盛り込んで「嘘の世界」を作り上げます。一般的に考えると、嘘をつく人は細かい情報を入れないと思うかもしれませんが、実際は逆です。

彼らは一見すると、その世界のことを知っている人でないと知りえないような細かな情報を盛り込み、信じ込ませていくのです。その延長線上にディティールを描けば、フェイクであっても本当だと信じ込ませることができるという技法があります。ニュースの方法を悪用していけば本当らしいデマも自由自在に操ることができるのです。

今のところ、フェイクニュースは騙すほうに大した力がなく、すぐに見破れるようなわかりやすいものばかりで、お金儲けにばかり関心が向かうケースが多い。しかし、本当に力を持ったプロの「嘘つき」たちが本格参入してきたらどうでしょうか。あるいは方法を研究し尽くした組織が参入し、お金より社会を騒がすことに快楽をおぼえる人が多くなったら……。問題はもっと厄介になるでしょう。

繰り返しになりますが、方法自体に罪はありません。あとでも詳しく考えていきますが、ガルシア＝マルケスに限らず、ニュースの世界では１９５０年代～７０年代にかけて新しい

方法論が生まれ、様々なジャンルに影響を与え、作品に結実してきた。そんな時代だったのです。

しかし、そうした新しい方法は「ジミーの世界」のように、ディティールに宿る力を悪用することで歴戦の記者をも騙し切り、賞を取るような「フェイクニュース」も生みました。インターネットという技術的な問題にだけ注目すればいかにも新しい問題ですが、人は次の技術が生まれればそれに乗っかり、巧妙かつ新しいフェイクニュースを作り、流していくのです。

大切なのは良いニュースを創ること

ここまで書いてきたのは、ニュースの本質に迫るための議論でした。ニュースと小説、ニュースとフェイクニュースというように、一見すると正反対のものであっても、実はまったく同じ手法を使ってリアリティを獲得している。ここが重要なポイントです。

僕はフェイクニュース問題を、古くて新しい問題が混在していることに特徴があると書いてきました。フェイクニュース第一の定義のようにメディア環境の変化に注目すれば新しい問題となり、第二の定義のように手法に注目すれば古くからある問題になる。メディア環境

の変化はたしかに重要ですが、僕にはニュースもフェイクニュースも同じ手法を使うものであり、その戦いは常に続いてきたという事実のほうが大事に思えてくるのです。

本当らしい嘘が影響力を持つ時代にあって、ニュース業界の人々はいかにフェイクニュースに対抗するかを語り合っています。ファクトチェックをしよう、デマを許さないとキャンペーンを張ろうといった具合です。それはそれで大いに結構なのですが、僕にはそれだけでいいのだろうかという疑問が常にありました。チェックをすればフェイクを信じている人は「正しいニュースに触れた」と思うのでしょうか。二項対立的な分断を乗り越えて、課題解決に向かっていくのでしょうか。

もちろんファクトチェックには一定の意義はあります。やらないよりはやったほうがいいのですが、それだけで問題は解決しないというところに現実的な問題があります。人間の認知をめぐる心理学の研究や社会科学の分野から出ている研究を読んでいると、人は見たいものを見て、共通点のある人とつながりたがり、ＳＮＳを含む周囲の人たちからでも人間の感情は伝染しやすいことがわかっています（笹原《ささはら》和俊《かずとし》『フェイクニュースを科学する　拡散するデマ、陰謀論、プロパガンダのしくみ』）。少なくない人々は、明確な間違いを指摘されても、自分の世界観に合わなければ、自らの世界観にさらに固執《こしつ》するというバイアスも持ち合わせ

ています。

インディアナ大学のフィリッポ・メンツァーらによる「SNSがしょうもない情報であふれるメカニズム」（『日経サイエンス』2021年8月号）という論考があります。そこで指摘されているのは、情報過多が質の高い情報の喪失を招いたというエビデンスです。彼らはシミュレーションによる研究結果を踏まえて、「人々が高品質の情報を得てシェアしたいと思っていても、ニュース配信すべてに目を通すことができないために、部分的あるいは完全に間違った情報のシェアに必然的につながってしまうことが明らかになった」と指摘します。

こうした状況に対し、彼らは人間のバイアスを理解し、テクノロジーの側から歯止めをかける方法を模索しているようです。極めて重要なアプローチですが、ニュースの発信者である僕は、もう一つつけ加えたいことがあります。それは環境に流されず、質の高いニュースを出し続けることの大切さです。

現実的な人間像から考えれば、「フェイクニュースに対抗しよう」という受け身の姿勢だけでは問題が解決しないことは明らかです。より効果的なファクトチェックの方法や、テクノロジー、教育などは今後も開発されていくでしょう。それに加えて、僕はニュースの発信者にこそ、受け身ではない方法の追求や哲学が必要だと考えているのです。

課題は同時に可能性を指し示すものです。

多くの人にとってニュースのイメージというのはお堅いもの、新聞記事やテレビのニュース、客観的な事実だけを伝える正しい情報、何かにつけ批判ばかりしていてわくわくすることがなく、悲観的でつまらない、といったものではないでしょうか。この本を通じて、僕は、それらはニュースの世界では「そういう一面もある」というものにすぎず、すべてではないことを明らかにしていきます。

本来ならインターネットという武器を手に入れたことで、ニュースの世界はより多様で、より自由な伝え方を模索できるようになるはずでした。しかし、現実はそうはならなかった。インターネットは可能性だけでなく、大きな課題も同時に突きつけるテクノロジーになりました。しかし、悲観ばかりしていてもしょうがない。技術の進歩はこれからも進みます。それをニュースの発信者にとって追い風にする必要がありますし、僕は条件付きでそれは実現可能であると思うのです。

追い風にする条件とは何か。それは、手段が自由になったからこそ、ニュースとは何かという物事の本質を理解することです。そして、自分なりにでもいいので変わらない軸を持つことです。

僕はニュースとはクリエイティブなもので、創るものだと考えています。ここではクリエイティブという言葉を、新しい価値を創造するという意味を込めて使っています。ニュースとは単なる情報ではありません。そう思っている人はメディアの業界にも多いのですが、それはまったく違います。自らが発見し、価値を見つけ、創り上げていくことに最大の存在理由があります。この本のなかで、ニュースがいかにクリエイティブかを示してみたいと思います。

ニュースに未来はないのか?

さて、ニュースの世界にいると、よく相談を受けることがあります。「新聞社に未来が感じられないからネットメディアに転職したい」「テレビはもう終わりですよね」「出版なんて衰退産業だから」……。

僕はこうした声を聞くたびに、彼らは何がやりたいのだろうかと疑問に思ってきました。こうした相談をする人たちの多くは、会社と自分を同一視し、経営者でもないのに業界や会社の将来を悲観してみせます。そのくせ、自分の将来はそんなに考えておらず、どこか自分の力を発揮できる組織に属せばいいのだと考えているようなのです。

残念ながら、そんな都合のいい組織は存在しません。僕はニュースの世界にいるプロ、あるいはプロを目指す人ならば、勢いがある業界や会社にいたいというのはもっとも言ってはいけないことだと思っています。なぜか。勢いはやがてなくなり、会社をめぐる環境も常に変わるからです。２００７年に最初のｉＰｈｏｎｅが発売されたとき、スマートフォンをこれだけの人が持つ時代が10年足らずでやってくることを予想できた人はいないと思います。ＳＮＳやユーチューブの社会的影響も同様です。今後も通信環境やスマートフォンといったテクノロジーはさらに進化を遂げていくでしょう。

しかし、変わらないものもあります。

僕は老舗の新聞社で10年、インターネットメディアで2年ほど仕事をして独立するという道を選びました。そこで大事だったのは、いつの時代も変わらないニュースの世界の基本でした。基本の価値を常に問い、迷い、考え続けることで、メディア環境や職場が変わっても変わらない自分なりの哲学や、こういうことをやりたいという目標が定まっていき、言葉にできるようになりました。

僕にとってのそれは、人間や人間に付随する物語を描きたいということになります。人間は人間に興味があるというのが、僕のニュースの世界における基本的な考え方だからです。

この本で繰り返し言及することになりますが、僕には「自分だけの教科書」と呼んでいる作品群があります。１９６０年代～８０年代にかけてニュー・ジャーナリズムと呼ばれたアメリカや日本のノンフィクションです。

ニュー・ジャーナリズムの作品群を繰り返し読んで、僕は自分の好みが時間を超えていく作品にあることに気がつきました。人間を丁寧に描いた作品のほうが、時評的な作品よりも時代を超えて響くものがあるのです。念のため申し添えておくと、これは時評的な作品への批判ではありません。個々人の指向性であり、ニュースの世界ではすべてがフラット＝等価値なのだということは最初に言っておきましょう。

組織が変わっても、個人で仕事をしていても、幸いなことにニュースの世界で生きていられるのは、間違いなく「自分だけの教科書」と基礎があったからです。彼らから勝手に教わったことを通じて、僕はニュースの世界をサバイブする力と知恵を身につけていったように思います。

具体的には、「勢い」のような曖昧《あいまい》なものに頼るより、自分がやりたいことに向かって少しずつ力をつけていくほうが、結果的に長くこの世界で生きていけるということを学んだのです。

この本ではあえて「ジャーナリズム」や「ジャーナリスト」という言葉をなるべく使わないようにしています。大きな理由は、それらには個々人に「かくあるべし」といった先入観があるからです。今の日本社会では「ジャーナリスト」という言葉に、独特の美学を持ってしまっている人もいます。そうした人々の強い思いは、ニュースという大きなジャンルの一分野であるとは思いますが、すべてではないのです。

ニュースに関わるのは、ジャーナリストを自認する人々だけではありません。新聞やテレビの記者、政治や経済を語る専門家以外にも、インターネットの隆盛とともに、名乗る人が増えてきたライターや編集者もまたニュースを書き、配信し、ニュースの世界の住人になっています。さらに言えば、ホームページやアプリを開発するエンジニアもいます。

僕が「ニュース」と呼んでいるものは、簡単に言えば実際に社会で起きた出来事をもとに、創作を交えずに伝える情報全般を指します。そのなかには、ニュース番組や新聞記事、雑誌記事だけでなく、ノンフィクションやドキュメンタリーと呼ばれるものも含まれます。狭い意味に押し込めることなく、ニュースの定義を拡張して考えることで可能性はさらに広がります。

本の構想を固めたのは、今から数年前で、実際に書いていたのはちょうど2020年〜2

1年にかけてです。新型コロナウイルスが世界中で大きな問題を引き起こし、インターネットやSNSは可能性のメディアから、分断を促すメディアへと変化していきました。このままだと、ニュースは数字の論理に押し切られ、可能性を自ら狭めていくことになります。その道を避けるために、インターネット時代の良いニュースとは何かを問い直すことが必要になってくるのです。あらためて確信したのは、今こそニュースの力をより強くする必要があるということです。

第2章

インターネット時代のニュースとは何か

昔から情報はあふれていた

　この章では、インターネット時代において、あらためて「良いニュース」とは何かを定義していきます。先にポイントから整理しておきましょう。メディアをめぐる議論では、常に変化のほうに注目が集まってきました。インターネットの登場で新聞もテレビも潰れていき、インターネットメディアの時代がやってくるのだといったような議論がその典型です。

　企業がどうなっていくかはわかりませんが、僕はニュースに関わる職業という視点で語るとき、紙やインターネットというメディアの変化にだけ注目するのは間違いで、紙でもインターネットでも変化しない良いものとは何かと考えることが大事だと思ってきました。

　ニュースと無縁に生きているという人はほとんどいません。朝起きて、スマートフォンを開けばＳＮＳで多くの人がニュースをシェアしています。インターネットニュース最大手のヤフーニュースを読んだことがないという人は少数でしょう。何らかのニュースアプリを、スマートフォンに入れているという人も多いかもしれません。都心で電車に乗れば、車内の画面にもニュースが流れていますし、テレビをつければ数時間に一回は必ずニュースの時間があります。朝や昼の情報番組でも硬軟織り交ぜたニュースがあちこちに流れています。

　１９７５年に出版された『取材学』という本があります。加藤秀俊《かとうひでとし》さんという、この時代

に大人気だった社会学者が書いたものですが、そのなかに僕が驚いてしまった記述がありま す。加藤さんは当時も「情報爆発時代」だと書いていたのです。まだインターネットもなく、カラーテレビの普及率がようやく90％に達しようかという頃です。各家庭にやっとテレビが行き渡った時代にあって、すでに情報は爆発しており、あふれていたと一線の学者が考えていたところに僕の興味はあります。

加藤さんは、普通の人が情報を集めるのが難しい時代は終わった、今なら普通の人も情報を手に入れることができる。だから、情報の使い方を学ぼうということで取材学についての本を書いたと冒頭に記しています。加藤さんの文章を抜き出し、「これ、『今』書かれたものだよ」と言っても多くの人は納得するのではないでしょうか。しかも「今」が１９９５年でも、２０１５年でも、２０２５年でも同じではないか、と僕は思うのです。

師匠から教わった「変わらないこと」

１９７５年から46年が過ぎた「今＝２０２１年」には、加藤さんの時代とは比較にならないくらい情報があふれています。情報量は常に爆発し、膨張を続けています。この傾向が変わることはないでしょう。

情報量は未来も増え続け、その度に人は「かつてないほど情報が手に入る時代」を論じることになる。だからこそ、変化していくものは表層であり、その下にある変化していないものを見極めることがニュースの仕事では大事なのだ。そう僕はいろいろなメディアで書いてきました。では、変わらないこととはなんでしょうか？

僕にとってのニュースの師匠は、毎日新聞で記者生活を始めて2年目からの3年間、岡山支局でデスクを務めてくれた山根《やまね》浩二《こうじ》さんです。僕は２００６年に入社しているので、２００７年から２０１０年まで、彼の下についていました。今にして思えば、インターネットの夢が語られたゼロ年代後半から、２０１１年の東日本大震災、福島第一原発事故の直前まで基礎をみっちり固める時間を過ごしていたことになります。

山根さんは現場に強い事件記者で、社会部のエースが担当する東京地検特捜部などを担当しただけでなく、週刊誌「サンデー毎日」にも在籍していたユニークなキャリアの上司でした。これが僕には幸運でした。

山根さんは着任早々に「新聞記事はつまらない。読者に読ませようという気のないものが多すぎる。週刊誌に比べて、これだけ記者がいるのに、つまらないのはもったいないことだ。これまでの記事の書き方にとらわれる必要はないので、読み手がおもしろいと思える記事を

どんどん書いてほしい」と、僕も含めて６人いた支局の記者たちの前で語りました。新聞がいかに素晴らしいか、新聞記者がいかに使命のある仕事なのかを説く上司は珍しくないのですが、ここまではっきりと「つまらない」と言い切る人は珍しく、びっくりしたことを覚えています。

地方支局のデスクというのは、文字通り机に座り続ける紙面編集の司令塔です。記者が出稿する原稿を読んで、直しを入れたり、取材が足りないと感じれば追加取材を指示したりする「最初の読者」兼「指導役」と考えてもらえばいいでしょう。彼との仕事を通じて、僕は「変わらない」ニュースの仕事の基本を学ぶことになりました。

ニュースの三大基本型

ここからは、山根さんから何度も言われた言葉をヒントに、ニュースの**「型」**について考えていきましょう。

僕はニュースを書くためには天才でもない限り、じっくり数年かけて型を身につけないといけないと考えています。これは記者の仕事に限らず、何事にも共通して言えます。ピアノやギターのような楽器を自由に弾きこなすためには楽譜を読む、コードを覚えるといった練

習が必要ですし、語学を習得するには単語や文法で規則を学ばなければいけない。スポーツだって基礎的な筋力、技術を身につけるトレーニングがあります。

型を身につけるとは不自由になることではなく、自由に書くための最初のステップです。芸事の世界でよく言われるように、型をしっかり身につけない限り、型破りなことはできません。

ある日、僕は支局に残って次の日に出稿する予定の記事を書いていました。山根さんは夜に次の日の紙面が印刷されたゲラをチェックし、すべての記事にもう直しがないとOKを出した後に缶ビールを飲むのがルーティーンという人でした。僕の仕事も一区切りついて、ビールを飲んでいるところで声をかけて、書いたばかりの原稿を見せたのです。急ぎではないので概要を軽く説明し、ざっと流し読んでもらい、細かいところは明日チェックすると決まってから、山根さんはこんな話をしてくれました。

「取材はともかく、書き方はもっと工夫してみな。新聞記者は取材にはこだわるけど、読まれるって本当に意識しないんだよな。だから、どんどん原稿がつまらなくなる。石戸はまだ若いんだから、取材だけでなく、原稿のことをもっと考えたほうがいいよ」

「はい……。どうしたらいいんでしょう」

「読まれる記事を意識すること。それは三つあるんだよ。どこよりも早く書く特ダネ、視点や切り口を変えた記事、事象を深掘りする記事のどれか。俺は他紙に載っていなければ全部特ダネだと思って掲載するけど、読まれない記事、つまらない記事は認めない。その代わり、おもしろいと思わせる記事だったら新聞っぽくない記事でも載せる」

この日から山根さんの言葉が指針になりました。新聞業界を離れた僕が今もニュースの世界で生きていけるのは、この言葉のおかげです。

この一言のどこがすごいのか。彼が語っている「読まれる記事」のシンプルな方法論が、そのままニュースの基本型になっているところです。僕はニュースの基本型を三つに分類できると考えています。それは第一に**「速報」**、第二に**「分析」**、第三に**「物語」**です。それぞれ、詳しく見ていきましょう。

基本はまず「速報」

「速報」とは文字通り、素早く仕上げて出すニュースのことです。新聞の事件・事故記事が代表的なスタイルで、各社とも誰が書いても同じように伝えられるように、基本型を徹底的に教え込みます。起きたことの事実関係をまとめて素早く伝えることに向いているので、ス

トレートニュースとも呼ばれています。
以下、架空の速報を書いてみました。

東京都X市の山中から同市の会社員、Aさん（41）が遺体で見つかった事件で、警視庁は1日、同市Y町1、会社経営、Z容疑者（40）を殺人容疑で逮捕した。調べに対しZ容疑者は「自分がやった。間違いない」などと容疑を認めているという。

読んだことがある、もしくはテレビなどで聞いたことがあるスタイルだと思います。基本中の基本であるため、見事にパターン化されていますが、そこには合理的な理由があります。パターンがあることによって、突発的な事態に直面しても素早くニュースを発信することができるのです。

駆け出しの岡山時代、他社の先輩記者からこんなことを教わりました。

「もうすぐ夕刊の降版（最終の締め切りみたいなものだと思ってください）の時間やな。石戸、お前はここで大きな地震が起きたらどうする？」

「机の下に身を隠す！」

「あほ。安全確保は当たり前やないか。その後記者やったらどうすんねんって話や」

「……。き、記事を書く」

「どんな記事書くんや？　ええか。時間が迫ってるときに発表待っていてもあかんのや。『×日午後×時×分ごろ岡山市××の岡山県庁で大きな揺れがあった。●●などが詳細を調べている』と原稿にしてさっさと本社に送るんや。わかっていることだけでもまとめて一報送るのが記者の仕事や。そのために事件記事でパターンを覚えるんやで。ええな」

急な災害や発生事案というのは誰であっても慌ててしまうものです。何が起きたかを簡潔に素早く伝えるという点において、速報ニュースのパターンほど優れたものはありません。パターンを批判する人もいますが、速報スタイルは各メディアで長い時間の経過に耐えてきた簡潔で無駄がないものです。速報を伝えるという一点においては、これ以上なく磨かれていると思います。

「誰よりも早く！」

そんな速報に分類されるニュースの最大の勲章は、どこよりも早く書くストレートニュースの「特ダネ」、つまりスクープです。「●●逮捕へ」「新大臣に●●を任命」「新社長に●●

氏」といったものです。そんなものは、時間が経てばいずれわかるじゃないかと思う読者も多いと思います。たしかにその通りなのですが、短時間であってもそこでしか読めないニュースがあるということは、メディアにとっては確かな価値なのです。

一時は新聞社内からも「どうせ発表されることを、半日早く報じることに意味があるのか」という議論がありました。僕自身もこんな一生懸命取材した後に、すぐ同じ内容が発表されることに虚しさを感じたときもありましたが、思い直しました。答えは逆だったのです。どうせ発表されることだからこそ早く報じれば読者を独占できる。インターネットでも関心の高いニュースならば、特ダネに読者が殺到します。そして、特ダネを取材する過程のなかでより真相が見えてきて、他社よりも一歩も二歩も先んじることができ、さらにディープな情報にアクセスできる権利を得ることになります。

「逮捕へ」を報じるためには、警察や検察当局の動きを常にウォッチしていなければなりません。どこよりも深く観察し、いくつもの情報源を作らなければいけない。インターネット上では訳知り顔で「これは当局からのリークだよね」という人々の声であふれています。僕が知っている限り、事件取材で寝ながら待っていたら、当局の誰かから電話がかかってきて「この件はこうなったから。君のところだけ早く書いていいからね」なんてことはまずあり

ません。多くの場合、警察官たちは特ダネが書かれた記事を読んで、「お前のせいで容疑者が逃げたらどうすんだ」と怒り、検察官からは「しばらく出禁」と告げられ、庁舎のなかに入れなくなります。現実はかなり複雑な情報をめぐる駆け引きのなかで動いているということだけは、現場にいる記者たちの名誉のために強調しておきたいと思います。

そして何より大切なことですが、得てして警察や検察を揺るがす不祥事は特ダネ記者のもとに集まります。内部告発を決意した人たちが何を期待するかと言えば、自分の身元を危険にさらすことなく丁寧な取材が重ねられ、告発を裏づけるファクトとともに記事が公になることです。特ダネとは、当局の中に強い情報網を持ちながら、しかし時に取材先と対立することも辞さず、社会にとって大切なニュースを出す行為とも言えます。

この手のニュースは報じた瞬間から風化が始まるところに特徴があります。情報は常にアップデートされ、古くなってしまうからです。僕はすぐに古びてしまうニュースを報じることにあまり意義を感じることができないタイプでしたが、だからこそ速報に強い記者たちに敬意を抱いていました。すぐに古くなろうが、誰よりも早く報じることで時代に爪痕《つめあと》を残す。これが伝統的な記者の美学であり、現代においても決して否定できないものだからです。彼らの美学は新聞以上に速報に対応できるインターネットの時代にこそ、また輝くと僕は考え

ています。

事件を解説する「分析」

「分析」は起きたことを意味づけるニュースです。いきなり発生したことだけ報じられても、その意味がわからないことは世の中にたくさんあります。その筋の専門家に取材を重ねたり、内部に特別な情報源を作ったりして、一体何が問題なのか、背景に何があるのか、これまでの歴史ではどうだったのか。これらを解説するニュースのスタイルです。ストレート速報より報じるのは遅くなりますが、それゆえにストレートニュース以上に深く書くことができます。

これを得意としているのは、専門的な知識を持っている記者です。たとえばある業界や国を長く取材している、政治、経済、司法、科学、スポーツといった特定の分野に強いタイプです。

僕が慕《した》っていた特派員記者（外国に住んで、その国や周辺地域のニュースを発信する仕事）の一人に、日本でも屈指の北朝鮮・韓国ウォッチャーがいました。彼は取材のために必要な英語、韓国語、中国語を身につけて、方々の取材に出かけていました。

日本の外交関係者、米軍やアメリカ外交の当事者から直接話を聞きながら、北朝鮮や中国につながる関係者からも情報を取る。それらを統合し、何かときなくさい東アジア情勢の先行きを予測しつつ、記事を書くのです。

２０１８年にアメリカと北朝鮮がまさかの首脳会談を実現させるのですが、その前後に彼の記事を注意深く読み、何度かやり取りをしていたことがあります。不確実な状況のなかにあっても的確な根拠とともにいくつか予測されるシナリオを解説してもらいましたが、ほとんどが予測通りに動いていきました。「優れた特派員は予測力が高い」とはさるベテラン記者の言葉ですが、それを地でいくような記者でした。

どうしたらここまで深く取材ができるのか。ある日、率直に聞いたことがあります。

「日本のメディアで記者をやる限り、アメリカ、中国、朝鮮半島情勢ウォッチャーは必ず需要があるんだよ。北朝鮮みたいな国を分析するときに、一方だけとか特定の誰かだけの見立てを頼ると読み間違える。いろんな国の当局者に探りをいれて、表に出てくる現地メディアの情報を組み合わせないと読み解けない」とひとしきり語った後、「まぁもともと不確実性が高い国だから、わからないこともたくさんあるんだけどね」と豪快に笑い飛ばすというオチがついたのですが……。

やはり分析に強い記者は、大学の地域研究者、国際政治のプロに引けをとらない知識量と経験があります。彼らの取材に裏打ちされた良い分析記事は、複雑な事象への見通しを与えてくれます。これまで僕が接してきた先輩には、情報公開請求を駆使した調査報道、科学者のネットワークに食い込んで不正な論文を追及した記者、核兵器のヤミ市場にアプローチした記者など、多くの分析に強い記者がいました。

彼らに共通していたのは「情報」へのドライな視点だったように思えます。取材をしていれば、必ず「こうあってほしい」という思いが出てくる。追いかけている問題を報じたい、となればバイアスもかかる。しかし、彼らは都合のいい情報ほど信じることはせずに、本当なのかと疑うところから始めていました。人間は、常にこうあってほしいという情報に弱くなるバイアスがあります。こうだったらいいな、自分が信じるほうに物事が進んでいってほしいといったものです。もちろんニュースの仕事に取り組む人たちもバイアスから逃れることはできません。だからこそ、安易に飛びつかずに理性をもって情報と向き合う。不断の検証を自らに課す力が必要なのです。

複数ルートにアプローチし、ある人が言ったことをそのまま鵜呑みにせず、方々の取材先に見解をぶつけながら、証拠とともに事象に迫っていく。分析記事を書くときに、大事なの

は感情に流されず理性的な視点を保つことなのでしょう。

人の動きには「物語」が宿る

「物語」とは起きたことを深掘りし、裏に隠されている「ストーリー」を発掘し、一つの物語として描き出すスタイルのニュースです。事象、人、会社……。どんな些細《ささい》なことでも、深掘りすれば、表には出てこない「物語」のタネが存在しています。おそらく多くの人はニュースを論じるなかで、「物語」という言葉を聞いたとき、頭のなかに疑問が浮かぶはずです。ニュースとは事実を淡々と伝えるものであって、そこに物語が入るなんて言語道断。ニュースは小説とは違うのではないか、と思うのではないでしょうか。大事なクエッションです。

僕もここで書いていることを新聞記者や、テレビ局のディレクター、あるいはニュースメディアを志望する学生の前で話すことがあります。多くの疑問が寄せられるのが「物語」についてです。多くの示唆を与えてくれたのは、文学者の千野帽子《ちのぼうし》さんが書いた『人はなぜ物語を求めるのか』でした。千野さんは認知心理学の研究などを踏まえながら、人は「物語る動物」であると定義しています。

たとえば誰もが避けられない自己紹介という場があります。転校したり、入学したり、はたまた就職活動の面接であったり、新しい職場であったり。人は多くの場所で自分は何者なのか、という問いに答えようとします。そこであなたはどんな風に自分のことを話すでしょうか。履歴書に書いてあるような「×年×月×日●県●●市●●生まれ、●年に小学校入学～～」といった事実の羅列で自己紹介を済ます人はいないでしょう。自分が生まれた場所、家族や友人、趣味について「物語」で説明しているはずです。趣味がアニメや映画を見ることなら、はまったきっかけや好きな作品、映画監督や声優について語るでしょう。たどたどしくあったとしても、話せる力を人は持っています。人間のコミュニケーションにおいて、物語ることはもっともポピュラーな方法の一つです。

人は物語ることから逃れられません。単なる事実関係の説明からは読み取れないことを、無理矢理にでも読み取ろうとしてしまいます。千野さんの本を読んだとき、そこに書かれている内容は僕が参照してきたニュー・ジャーナリズムという文芸運動とリンクしていると思いました。それは１９６０年代～７０年代にかけて隆盛し、後年のノンフィクションに大きな影響を与えたムーブメントです。

日本を代表するノンフィクション作家、沢木耕太郎さんがかつて書いた「ニュージャーナ

リズムについて」（『紙のライオン　路上の視野Ⅰ』所収）という小論を参考にして考えてみましょう。沢木さんの定義によると、ニュー・ジャーナリズムのもっとも特徴的な文体は「見てきたかのようなホントを書く」ところにあります。従来のジャーナリズムは実際に体験するか、取材であったことしか書けないと思われていたのです。

従来のジャーナリズムの考え方を文章にすると、このような形になります。

Ａ氏によると、２００１年10月27日にＸ大統領は「～～」と語った。同じことがＸ大統領の手記のなかにもある。Ａ氏はそれを聞き「～～と思った」と語った。

それに対して、ニュー・ジャーナリズムの書き手たちは徹底的な取材をもとに、シーンを小説のように描くことも可能ではないかと考えたのです。同じ場面をニュー・ジャーナリズムの方法を使って、書き換えるとこうなります。

２００１年10月27日、執務室にいたＸ大統領はいつも以上にこわばった表情で、椅子に深く腰掛けていた。机の上に置かれたペットボトルの水は、半分以上減っていた。「今す

ぐ、私の部屋に来てほしい」。そうXから電話で呼び出されたAが部屋に入った。彼は机の右脇に掲げられた国旗を一瞥《いちべつ》し、すぐさまAに言うのだ。「もう私は決めたよ」。Aはすぐに返事ができなかった。大変な決断があったのだから無理もない。黙ったまま、次の言葉を待った。

例文は僕が雰囲気を掴んでもらうために適当に作ったものですが、読んでみるとだいぶ違った印象を持つと思います。従来のニュースは読後感がなんだか味気なく、報告書を読まされているような気分になります。ところが、後者は物語仕立てになっていて、何かドラマが起きているような印象に変化しています。大統領は重要な決断を下したらしいのですが、まだ中身はわからない。Aはそれを聞いて何を思ったのか、それが明らかになるのは次のページに……。

これが**「物語」**の力です。ニュー・ジャーナリズムの担い手たちが、当時参考にしてきたのは、ジャーナリストから小説家に転じた作家たちが生み出した作品だったと言われています。もっとも著名なのはアーネスト・ヘミングウェイでしょう。ヘミングウェイのような、文学的な比喩に頼りすぎることのない描写、つまり登場人物たちの動作を積み重ねていく文

体こそが一つの理想だったのです。ジャーナリズムからの小説への接近にこそ、ニュー・ジャーナリズムというムーブメントの本質があります。

こうした手法には、当然ながら弱点もあるのです。僕は、物語という方法には第1章でも紹介したワシントン・ポスト「ジミーの世界」事件のように、ディティールの力によって嘘でも本当のことのように読ませてしまう危険な一面があると考えています。小説に限りなく接近することで、根拠が曖昧になるという側面は否めず、ねつ造が生まれやすくなるわけです。後年のノンフィクションには、ニュー・ジャーナリズムの手法を安直に使うことで、「こんな都合の良いことが本当にあったのか」「描写があまりにもできすぎている」と思わせるような作品が生まれたのもまた事実です。

しかし、一方でこの手法はやはり人に何かを伝えるときに、他の方法では伝え切れないものまで伝える力があると考えています。昔の記者たちも同じように考えたのでしょう。今手元にある毎日新聞社編『日本を震撼させた２００日　記者の眼　ロッキード疑獄』は明らかにニュー・ジャーナリズム、特にボブ・ウッドワードらによる『大統領の陰謀』の強い影響下にある一冊です。特に前半は唸《うな》るような取材とディティールを積み重ねたシーンで構成されていて圧倒されます。

冒頭、田中角栄《たなかかくえい》元首相が逮捕される場面の描き方が実におもしろいので引用してみましょう。

> 「東京地検です」
> 押し殺したような声に田中は一瞬にしてすべてを悟った。きわめて事務的な二、三のやりとりのあと、田中は観念したように車に乗り込んだ。（中略）タカをくっていたマスコミ陣は田中邸をまだ〝張って〟はいなかった。たまたまこの日取材に来たある週刊誌カメラマンが辛うじて〝決定的瞬間〟をモノに出来ただけだった。
> （『日本を震撼させた２００日　記者の眼　ロッキード疑獄』）

まさに「見てきたように本当のことを書いている」シーンから本は始まるのです。マスコミはまだ張っていなかったというくらいですから、そこに毎日新聞記者はいなかったと考えるのが自然でしょう。どうして、悟った表情だったとわかるのか。それはシーンを描くために取材を重ねたからです。東京地検の関係者、田中邸にいた家族や書生らに取材を重ねてシーンを組み立てていったことがわかります。かつてのジャーナリズムからすれば、この本は

見てきたかのように書いている本であり、現場に立ち会ってすらいないものであり、三流の仕事だと言われても仕方がありません。

しかし、文章はどうでしょうか。味気ない速報スタイルの記事以上に、読ませる力と迫力を持っています。物語スタイルのニュースはもっとも文章力が求められます。そのせいか、速報や分析に比べて担い手が圧倒的に少ない分野でもあります。簡単には古びない、時間的耐久性があるニュースが多く生まれるスタイルでもあり、僕自身はインターネットによってさらに新たな可能性が得られるスタイルだと確信しています。

「新しい」の価値転換

ここまでニュースにおける三つの基本型を紹介しました。**「速報」「分析」「物語」**です。山根さんが言っていた「どこよりも早く書く特ダネ」は速報、「視点や切り口を変えた記事」は分析、「事象を深掘りする記事」は物語にそれぞれ対応しています。

何事も基本型は極めて大事です。もっとも、同時に三つすべての能力がオール5のきれいな三角形チャートを描けるのは一握りの天才だけで、そんな人はプロでもそうそういません。速報に強い特ダネ記者が文章力も分析力も皆無《かいむ》とか、分析力は抜群でも文章がイマイチとか、

文章力はあっても論理的に詰めていく分析ものは苦手といった人は珍しくありません。それぞれに得意分野を極めていくか、いろんな要素とミックスしていくことになります。

僕はインターネットが普及していくなかで決定的に変わったことは、ニュースにとっての「新しい」という言葉の意味だと考えています。ニュースとは何かを考えるとき、マスメディア業界でも一義的に「新しい情報」だと受け取る人々が多く、新聞やテレビは、何よりもそれを追い求めてきました。新しい情報を素早く取ってきて、第一報として伝えていく。それがベースとなり、二次的に分析や背後に隠れたストーリーが伝えられて続報が生まれる。三大基本型のなかでも速報を伝えるための文体が洗練されていったのは、ニュースとは「新しい情報」を伝えるものこそが「王道」であるという考えゆえでしょう。

インターネット以前は「新しさ」の意味は自明のものでした。しかし、インターネットの登場で「新しい」の意味が変わっていきます。

あらためて定義をすると、インターネット以前の新しいニュースとは「新聞なら直前の朝夕刊、雑誌なら直近の発売号に掲載されていないもの、テレビやラジオなら直近のニュース番組で伝えていないこと」。これですべてでした。

ここでの「新しいニュース」というのは、すぐに古びていくニュースを意味しています。

ここは非常に重要なポイントです。翻《ひるがえ》って、インターネットでは状況が少し変わってきます。もちろん、更新されていく最新情報の価値は変わりません。ですが「新しい」のはそれだけではありません。読んでいた記事の日付を読むと、数年前に掲載されたものだったり、１年前の同じ日に流れたりした特集記事があらためてシェアされていることが珍しくありません。

僕がそのことを確信したのは、２０１６年８月６日に公開した「広島への原爆投下を悔やんだ米兵、哲学者がみつけた『人間の良心』」（バズフィード日本版）という記事でした。何が書いてある記事なのかを知ってもらうために、冒頭を引用します。

> 今から、約60年前のことである。
>
> 広島の原爆投下作戦に加わり、「英雄」と呼ばれたアメリカ軍パイロットがいた。彼は帰国後、原爆で亡くなった人たちの幻影に怯え、苦悩する。
>
> やがて「原爆投下は間違いだった」と口にするようになった、彼、クロード・イーザリーは精神が錯乱したとみなされ、精神病院に入院させられた。
>
> イーザリーの苦悩を、精神錯乱で片付けていいのか。

> こう考えたのが、ユダヤ人哲学者ギュンター・アンダースだ。１９０２年ドイツ・ブレスラウ（現在のポーランド）生まれ。核をテーマにした著作で知られ、近年、再評価が進む哲学者である。１９５８年、来日したアンダースは広島や長崎を訪問し、被爆者と対話を重ねている。アンダースはイーザリーとの往復書簡を始め、社会に問いかけた。あの惨劇を知り、巨大な組織の中で『ただ命令に従っただけだ』と言い切るのと、組織の歯車でありながら苦悩すること。
> 一体、どちらに良心があるのか、と。

当時、僕は立ち上がったばかりのインターネットメディア「ＢｕｚｚＦｅｅｄ Ｊａｐａｎ」（以下、バズフィード）の記者でした。この記事を書いたとき、僕はある問題意識を持っていました。インターネットメディアは当時、最先端のメディアとして期待を集め、また旧来的なマスコミに代わるものとして自分たちを宣伝してきました。ところが、実態は最先端でもなんでもなく、古くから使われている手法の焼き直しばかりで、目先の数字を追うメディアだったのです。

軽い気持ちで読めるニュース、表層的かつ感情を揺さぶる言葉を使ったニュースばかりが数字を取っていくインターネットで、時事的ではないけど今日的なニュースはいかにして可

能か。これが僕の問題意識にありました。今、このときに読んでもらわないといけないという時事性はないけれど、社会に広がっている空気にアプローチできるような方法はないか、自分なりに模索していたのです。

引用した記事もその一環として書いたものです。最初は、戦後初期に、広島や長崎を訪問した海外の研究者の声を拾うというもっとお手軽な記事を考えていました。そのとき、偶然にも広島市内にある古い古本屋にあった哲学者、ギュンター・アンダースの日本滞在記『橋の上の男』を手に入れることができ、記事の方向性ががらりと変わったのです。

その本の見返しには一編の詩が引用され、直筆《じきひつ》で書かれていました。調べてみると、１９６０年８月20日に『橋の上の男』を買った前の持ち主はすでに亡くなっていて、遺品整理をしていた家族が古本屋に持ち込んだということまでわかりました。その詩は自作ではなく、ドイツの詩人リルケの作品でした。前の持ち主は本のタイトルにつながる詩を読んで、それを見返しに書いたものと推測できます。そこには、こんな一節がありました。

> 此の男こそは、混乱の道のあなたこなたに立つ不動の正義者かもしれぬ。
> 表面ばかりの時代に地下に通じる暗い入口かもしれぬ。

（リルケ「カルゼル橋」）

僕は「表面ばかりの時代」という言葉に、小さな引っかかりを覚えました。１９６０年にこの本を買った人も、表層的な言葉ばかりが先行することに違和感があったのではないか。実際に確かめる手段はないので、僕の勘違いかもしれないけど、「なんだ、今の僕が感じていることと同じじゃないか」と勝手に思ってしまったのです。往々にして取材は小さな引っかかりから始まります。

　この一節に惹かれた僕は、アンダースの本や、彼が交流を続けていた米兵クロード・イザリーについて当時の資料や文献、報じられた新聞などを集められる限り集めました。その上で専門家への取材なども重ね、原爆投下を苦悩し続けて精神を病んだ米兵と哲学者との間に生まれた「物語」スタイルの記事を書いたのです。

　この記事は僕に思わぬ驚きをもたらしました。記事は発表直後からそれなりにシェアされていたのですが、１年後の２０１７年８月６日にもあるツイッターユーザーのシェアを機に１年前と同じように感想が集まり、多くの読者に広がって、新たに読まれていったのです。新聞で言えば１年前に話題になった記事が、同じ日に再び話題になるということは考えに

くいものです。仮にあったとしても非常に稀なケースで、ほとんどないと言えるでしょう。なぜなら、特に8月は、広島・長崎の原爆投下をめぐって、今なお多くの記事が書かれる日だからです。毎年のように各社から力のこもった記事が出てきて、「新しい情報」で埋まります。

新聞社にとってインターネットとは、三大基本型の速報をより強化するためのツールでした。朝夕刊2回の締め切りに合わせて記事を書いていくだけでなく、24時間いつでもニュースを流すことができるのがインターネットの特徴です。速報ではテレビにかなわないと思われてきた新聞にとって、インターネットを使えばテレビに負けずに速報を出せる。これは好機であると捉えられてきました。

「広島への原爆投下を〜」という記事が教えてくれたのは、速報の可能性をより拡張するメディアとしてのインターネットという考え方は間違ってはいないが、それはインターネットの可能性を狭めてしまうものであるということです。なぜでしょうか。

読者が1年前の記事をシェアして、さらに広がったという事実が意味しているのは、読み手が記事に何らかの「ニュース」があると感じ取っているということです。読者は1年前の記事だから「新しくない」と考えたのではなく、自分が知らなかったこと、それまでになか

った視点があればいつの記事でも「新しい」ものとして読んでくれる。つまり「新しい＝速報のアップデート」ではなく、**「知らないことを知ること＝新しいこと」**だったのです。

ここに、インターネット時代の「新しい」という考えがあります。フローとストックという言葉を補助線に考えてみましょう。速報を流し続けるというのは、インターネット上の情報空間にニュースを流すことできる、つまり「フロー」の力に着目したものです。僕の体験はインターネットにニュースを「ストック」することによって、過去記事であっても読者が接した瞬間が「今」であり「新しい」ものが生まれるということを示唆しています。

これはニュースにとって劇的な変化です。新聞に印刷されて終わり、テレビに流れて終わり、時事的なものを報じて終わりだったニュースは、インターネットによって情報空間にストックされるようになり、新しい気づきを与えるものとしてのニュースという文脈を付与されました。簡単に古びない記事もまた、本質的な新しさを持つニュースになったのです。

フローは新聞的な速報の価値観をより体現したものだと言えます。速報に次ぐ速報を出して、より速く、より新しいニュースを追求する。フロー的な価値観の行き着く先には、出した瞬間から古くなっていくようなニュースを量産する世界があります。

しかし、「ストック」という価値観を導入するとどうでしょうか。先に引用した記事は読

んだらすぐに古くなるようなものではありません。旧来的なニュースの価値観で言えば「これのどこがニュースなの？　今、起きている話を書けよ」で終わってしまうものです。僕は彼らの物語に、現代の社会に対する批評が存在していると感じて「ニュース」であると思って出しました。そして、読者はそれを歓迎してくれたのです。

日付よりも中身で読んでもらえるニュースがあるということ。ＳＮＳを介して、偶然、読んでしまったという体験をすること。インターネット空間に中身で読ませるニュースがあること。時間を超えて、社会への批評として機能するニュースという考えが成立するのではないか。僕はストックに着目することで起きた「新しい」の価値転換に大きな可能性を感じていました。それを踏まえて議論を進めていきましょう。

良いニュースを定義する

ここまでの議論は、インターネット時代の良いニュースとは何かを指し示すための前提になる議論です。一言でニュースと言っても、三つの基本型があり、その中には多様性があるということを示すために提示しました。そして、インターネットの事例は価値観の変化を示すものです。

『ジャーナリズムの起源』（別府三奈子著）という本に、興味深いエピソードが記録されています。１９２４年、米国新聞編集者協会会長のキャスパー・ヨストは協会が定めた倫理綱領を広めるために、『ジャーナリズム原理』という著書を出します。ヨストによれば、「ｎｅｗｓ」という言葉はサンスクリット語に起源があり、「人間が思考するために必要な糧《かて》」を意味するといいます。

そのうえでヨストは、ジャーナリズムを「ｎｅｗｓ」と「ｖｉｅｗｓ」（論説）を兼ね備えたものであると定義し「『ｎｅｗｓに対する論説での批評、出来事に対する意味解釈、情報と関連づけての見解、事実に基づいた意見などをあわせて提供することで、読者の理解や読者自身の意見形成を手助けすること』といった説明を加えている」（別府前掲書）のです。

事実と論説を明確に切り分けて、かつその両方の良さを重ねていくこと。ある人に教えてもらうまで、不勉強な僕はヨストの存在すら知らなかったのですが、「良いニュース」とは何かという問いを考えるうえで、彼の思考はこれ以上ないヒントになります。

ヨストの時代から飛躍的にテクノロジーが進歩した結果、これまでのマスメディアは速報を重視し、誰よりも早く報じる特ダネか、ディープな情報源を作り、社会を揺るがすスクープの二つを重視してきました。しかし、そればかりが良いニュースだとすると、分析や物語

といった重要なニュースのスタイルが軽視されてしまいます。かたやインターネットメディアの世界は「バズった」（広範囲に拡散したり、アクセス数を稼げたりしたこと）ニュースが良いニュースであるという価値観が支配的です。これでは、従来の「スクープ」を「バズった」に置き換えただけであり、一面的な物差しで測った結果がすべてであると言っているにすぎません。

三つのスタイルは等価値とし、なおかつ時代に良い意味で適応した形に進化させる定義を探さなければなりません。

今までインターネットとニュースをめぐる話は高すぎる理想を語るか、およそ現実的すぎるクリックされる見出しのような話に偏ってきました。理想はいつまでもやってくることはなく、現実的な話は小手先のテクニックにすぎず、流行が終わればすぐに廃《すた》れていきます。新しいものよりも、見慣れたもののほうが人は安心します。だから、どこか似たような見出しがインターネット上に連日流れていくのです。

特にネットの記事は見出しが9割と言ってもいいくらい大事だと思います。本や映画のタイトルも非常に大事なのと同じように、読まれる見出しを考えること自体には意味があります。ただし、それは記事の中身が伴っての話です。予告編だけがおもしろい映画が酷評され

るように、見出しはおもしろそうなのに、中身が伴わずがっかりさせたら読者は二度と戻ってこない。まず中身をしっかりさせてから、外見を整えるというのがあらゆる表現に通じる王道だと思うのです。

人間はいつの時代も「メソッド」が好きです。テクニックをまとめて、教えてもらえればすぐにできると思ってしまう。これでは、できると思わせることのほうが大事になってしまい、習得までに必要な時間はなるべくかからないほうがいいと考えられていくばかりです。しかし、そのようなテクニック論は3日で痩せるダイエット、あるいはテストの一夜漬けのようなもので本当に効果的なものとは言えません。

現代のように、何かにつけて威勢のいい言葉が横行する時代で、もっとも軽視されがちなのは基礎の部分です。基礎を身につけるには、どんな道であっても一部の天才を除けば10年くらいはかかります。ニュースの世界もスポーツと似たようなところがあり、20代前半はからっきしでも、環境を変えた途端に素晴らしい仕事をする人がいます。もちろん、逆に20代は良くてもそれはたまたまという人もいます。

僕がいろいろなタイプの書き手、発信者を見てきて思うことの一つに基礎の大切さがあります。素晴らしい仕事をしていて、それが継続できる人は何よりも基礎がしっかりしている。

勢いまかせでも良いところまではいけるのですが、一時のブレイクと引き換えに基礎を怠ると落ちるときも早く、環境が変わった途端にダメになる人もいます。良いニュースの定義には基礎の大切さも盛り込みたいと思うのです。

インターネット時代にあって、ニュースが目指す王道とは何か。今、僕はこう定義したいと思います。

良いニュースとは、事実に基づき、社会的なイシュー（論点、争点）について、読んだ人に新しい気づきを与え、かつ読まれるものである。

なんだこんな当たり前のことかと思われるかもしれませんが、当たり前なことを徹底するのは難しいものです。この定義は４つのパーツから構成されています。わかりやすくするために番号を振ってみました。

①事実に基づき

②社会的なイシュー（論点、争点）について

③読んだ人に新しい気づきを与え
④かつ読まれるもの

各パーツはそれぞれ単独で成立しているわけではなく、相互に関連していますし、お互いに強い影響を及ぼし合っています。

①事実に基づく

正確な記述は基本中の基本であり、嘘はいけないということです。誤報や勘違いも含めて、事実と異なることが入っていては良いニュースとは言えません。科学を扱う記事ならば、エビデンスの強度や正確性もこのなかに入ってきます。弱いエビデンスを軸とするならば、その点もしっかり明記しなければ「事実に基づく」とは言えません。

うっかり勘違いして書いてしまったなら、インターネットならば速やかに、紙媒体なら次に発行するもので訂正をすることは必須です。この定義によって事実に基づかない、完全に想像だけで書いた創作物を「ニュース」から外すことができます。フェイクニュースや「まとめサイト」などで見られる針小棒大《しんしょうぼうだい》な、あるいは想像や推測を多分に含んだ記事は良い

ニュースではないと言うことができるのです。

それでは、第1章で紹介したガルシア＝マルケスのフェイクルポルタージュはどうでしょうか。僕はありかなしかと問われれば、ニュースの形態としてあってもいいと答えるでしょう。ただし、かなり小説の手法に接近しているやり方なので、ニュースとして出すためには少なくとも三つの要件を満たしていることが大事になります。

第一に相応の根拠に基づいていること、第二に実在する場所で本当に起こりそうな状況を描いていること、第三に未来に向けて警鐘を鳴らすといった社会的な目的があること——。最低でもこの条件をクリアする必要があります。

ガルシア＝マルケスのフェイクルポルタージュはシミュレーションとして非常に完成度が高く、何より文章がおもしろい。水不足が続くことによってパニックになりデマや噂が飛び交うようになるという未来予測や、街の様子を伝えようとする意図も伝わってきますし、登場する個々人の描写も際立っています。先に提示した三点を見事に満たしていると言えます。しかし、これは彼の筆力があって成立する例外的な「ニュース」です。非常に手の込んだ手法なので、簡単に真似すべきものではないでしょう。

②社会性のある問題を取り上げる

社会的な問題、社会への広がりを意識したものが良いニュースの条件であるということです。事実ではあるけど私的な要素が強いものは良いニュースとは言えません。これは私的な発信を否定するものではありません。

よくニュースの話をすると「では、ブログやツイッターはどうなんだ。私的なことが書かれていても、実は社会的なこととつながっていてニュースになるのではないか」という質問を受けることがあります。僕の返答は「もちろん、私的なテキストに社会的意義を与えることも立派なニュースの仕事」というものです。

本人からすればそこまで社会的な広がりを得るとは思っていなかったことが、一気に広がりうるというのもインターネットの特徴です。たとえば２０１６年に大きな話題になった「保育園落ちた日本死ね!!!」というブログがあります。おそらくこのブログを書いた人は、書き込んだときにここまで大きな反響があるとは思ってはいなかったでしょう。

ブログのなかには、国会議員を半分にして保育園を作ってほしいといったことも書かれてはいますが、そこから感じられるのは論理的な説明というより、自分が保育園を落ちて働けなくなることの悔しさであり、教育への投資に熱心とは言えない日本社会への叫びです。当

時、安《あ》倍《べ》晋三《しんぞう》政権が打ち出していた「一億総活躍」なるスローガンがあるのに、なぜ自分は活躍できないのか。活躍するために保育園を増やしてほしい、という感情がほとばしっています。

　ブログそのものは事実に基づいてはいますが、これをもって最近の保育園をめぐる問題が一応わかるというものではない。そうである以上、個人の内なる叫びというところに最大の価値があると思っています。「保育園落ちた～」は良いニュースというよりも、良いニュースのための端緒《たんしょ》です。

　叫びそれ自体の限界をしっかり意識して、ブログをもとに良いニュースを生み出すのがプロのニュースの担い手たちの仕事です。ブログの言葉が共感あるいは反論とともに広がっている。論争の背景に何があるのか？　という問いを立てて、保育園をめぐる現実を取材することもできます。ニュースを書く人自身の共感を言語化できれば、さらに良いものになるかもしれません。

　フェミニズム運動が生み出した名言に「個人的なことは政治的なこと」という言葉があります。個人のことを突き詰めた結果、社会的なイシューと接続している。これを端的に示すことができれば、ニュースの価値はさらに高まったものになります。良いニュースは「それ

ってあなただけのことでしょ」と読み手に思わせてしまってはいけないのです。個人的なことから出発してもいい。これを突き詰めて、社会へ接続したとき、ただのニュースが「良いニュース」となるのです。

③新しい気づきを与える

「これって読んだことがあるな」と思われては「良いニュース」とは言えないという話です。どこかで見たような見出し、どこかからパクってきたテキストや写真はすべて良いニュースの定義から外れます。読者にとって「これは新しいことを知った」と思ってもらうことが、良いニュースの条件になるのです。

④多くの人に読んでもらう

これは、より多くの人に読んでもらうために手段を尽くすのが大事であるということです。多くの人を対象にする以上、論理的に破綻《はたん》していたり、支離滅裂だったりする文章ではいけません。時に「読まれなくても、報道すべき大事なことがある」という考え方を取る人もいますが、読まれないとは社会的なニーズあるいは市場がないということです。誰にも読まれ

ないのに、なぜ大事なのでしょうか。大事なものである以上、広げていく努力は不可欠です。
しかし、読まれることが大事と言っても、硬派なルポルタージュと芸能関連のニュースを同じ土俵で比べてはいけません。社会の関心は後者のほうが圧倒的に高いのです。大ヒットした漫画の部数と長編小説を比較して、漫画のほうが文学よりも価値がある。なぜなら部数が出ているからだ。おもしろく書ける作家がまとめた間違いだらけの日本の歴史書のほうが、歴史の専門家が編んだ歴史書よりも価値がある。なぜなら部数が出ているからだ、という人に出会ったら、あなたはどう思うでしょうか？

僕ならば、物事の価値を推し量る物差しを一つしか持つことができなかった残念な人だと言うでしょう。「読まれる」の定義は常に柔軟さが必要です。100万PVの芸能ニュースと5万PVの長文ルポルタージュを比べて、芸能ニュースのほうが20倍の価値があるということにはなりません。

長く書かれたルポの5万PVで、それなりの時間をかけて深く読者に読まれるのなら、それは大いに意味があります。逆に通勤の暇つぶしで読まれるような芸能ニュースであっても、瞬間的に社会の好奇心を満たすという役割があります。毎回のようにルポが100万PV読まれるというのはあまり現実的ではありませんが、5万PVから10万PVを目指すのは現実

的な目標です。

1万PVでも人の人生に深い影響を与えていくニュースもあれば、逆に100万PVでも1時間後には忘れられるニュースもあります。専門家による研究者人生を懸けた歴史書は、その世界で読み継がれていく著書となり、細くではあっても長く生きていきます。ある時代に売れただけの「おもしろい」歴史書は、時代に耐える力を持ちません。部数と同じように、PVも一つの物差しでしかありません。多くの物差しを持たない限り、良いニュースは書けないと思います。

最後にこれは誤解されたくないのですが、僕は「必要なニュース」の存在を否定する気はありません。ニュースには娯楽も含めて、大事な情報を伝えるという役割もあります。ニュースの世界において、「良いニュース」ではないから即悪いニュースという二元論的な考えほど無意味なものはないのです。

ニュースの良さはグラデーションで考えるべきものであり、良いとまでは言えないが「必要」を満たすニュースもまた大事です。たとえば生活情報が最たるものでしょう。台風などの影響で交通機関があらかじめ運休を発表する。これなどは交通機関の発表をもとにインターネットで調べればわかることで、わざわざテレビや新聞で報じても「良いニュース」と褒

められることはありません。しかし、必要ではあります。

なぜか。全員が全員、「能動的に調べられる市民」という理想的な存在になれるわけではないからです。「理性的な人間」を想定するものは大抵、失敗に終わります。人間にとって、自分で調べるコストというのは、案外と高いものです。そこを先回りして調べ、ニュースとして報じることに価値はあるのです。

「その程度の台風で止めるのか？　通勤に迷惑」と思っている利用客に対して、あらかじめ大きく報じることで注意喚起になりますし、交通関係の企業が何をリスクとして考え、回避したいと考えているのかを広く社会に伝えるという役割があります。事実そのものではなく、事実を意味づけて大きく伝えることで、運休に対する不満を軽減させ、「それなら仕方ないな」といった合意形成を促すことにもつながるのです。「良いニュース」は王道ではありますが、だからと言ってそれ以外の「必要なニュース」の価値が下がるものではないのです。

ここまでの考察は、１９２０年代のアメリカで、先人たちが重ねてきた議論の歴史ともつながってきます。単なる事実の提示や羅列ではなく、起きていることをいかにして意味づけるかが「良いニュース」を議論するための指標になるのです。

第3章

「良いニュース」の五大要素

良いニュースの五大要素

ニュースには**三大基本型**があることを説明し、「良いニュース」を「事実に基づき、社会的なイシュー（論点、争点）について、読んだ人に新しい気づきを与え、かつ読まれるもの」と定義づけました。ここから先は、さらに深掘りをして「良いニュース」を分解し、それを支える要素を探ってみたいと思います。

僕は2006年からニュースの世界に入り、いろいろなメディアを通じて記事を発表してきました。ベテランの指導を受けて書くだけでなく、キャリアのなかで「これは読んでおけ」という優れたニュースを読むことも多かったのです。長短の記事、本、雑誌に発表されたレポート、時に論文で発表された「良いニュース」を読むこと。それ自体が立派なトレーニングになってきました。その中で気がついたことがあります。良いニュースには必ず含まれる五つの要素があるということです。

ニュースは五つの要素を満たすことによって、ただ流れていくものや、読み飛ばされるものから、読者に新しい気づきを与えるものになります。それを良いニュースの**「五大要素」**と呼んでいきます。

五大要素への気づきはとても重要なものでした。ニュースの基本型として紹介したものは、

どれも「良いニュース」になりえる。どのスタイルであっても五大要素を満たすことができるのです。

新聞業界では速報に強い特ダネ記者がスクープを叩きつけ、「ニュースの王道」然と振る舞う傾向にあります。あるいは分析的な記事でも、「1面を派手に飾るような、特ダネはないか」と求められることは日常茶飯事です。今では、週刊誌も強いファクトを取ってくるスクープ主義こそが王道であるという意識が強くなっています。もちろん、それ自体は批判すべきことではありません。

問いたいのは、本当にそれだけが王道なのかということです。僕は誰もが驚くようなスクープやスキャンダルがなくても、五大要素を満たすことこそが良いニュースの王道であり、そうしたニュースは三大基本型のすべてで成立させることができると考えています。これが、僕の考える五大要素です。

要素① 良いニュースには**「謎」**がある。
要素② 良いニュースには**「驚き」**がある。
要素③ 良いニュースには**「批評」**がある。

要素④　良いニュースには「**個性**」がある。
要素⑤　良いニュースには「**思考**」がある。

謎、驚き、批評、個性、思考――。これこそがただのニュースと良いニュースとを分けるキーワードです。各要素を具体的な事例をもとに解説していきましょう。僕が独立してから、最初期に五大要素を特に強く意識した仕事を題材として取り上げてみます。「玉城デニーを勝たせた『翁長の幽霊』、呼び覚まされた沖縄の怒り」（「現代ビジネス」）です。

　この記事は、2018年9月にあった沖縄県知事選のルポルタージュです。この選挙の最大の争点は、沖縄自民党の重鎮でありながら、日本政府の辺野古《へのこ》新基地建設の方針に異を唱え続けて亡くなった知事・翁長雄志《おながたけし》の遺志を継ぐのか否か、でした。政府・自民党が全面的にバックアップする候補者か、翁長氏の後継候補と位置づけられ、結果として圧倒的な票差で当選する玉城《たまき》デニー知事が勝つのか。事実上の一騎打ちの意味、そしてその裏にある本土と沖縄の関係性から浮かび上がる問題とは何かを問うルポになりました。

　全体の分量はインターネットでは長文とされる1万字超です。講談社の編集者とも打ち合わせを重ねて、せっかくやるからには新聞、テレビ、雑誌、他のインターネットメディアも

書かないような視点から知事選に迫ろうとタッグを組んで書き上げたのです。

ＰＶやシェア数など数字的にも十分満足できる結果を得て、さらに朝日新聞の論壇時評でも、この間にたくさん出た沖縄県知事選に関する記事のなかからピックアップされました。量も質も確保できた記事になったといって差し支えないと思います。

記事の概要を掴んでもらうため、冒頭を引用しましょう。

> 圧倒的な勝利を収めた玉城デニー陣営のポスターが慌ただしく張り替えられたのは、選挙戦も終盤にさしかかろうとする時期だった。9月30日の投開票を前に、しかも勝者となる陣営が選挙期間中にポスターを差し替えるというのは極めて異例のことである。
>
> 他の選挙ではほとんど聞いたことがない上、さらに新たに作成されたポスターも異例としか言いようがないものだった。初期のキャッチフレーズ「新時代沖縄　ＮＥＷ　ＥＲＡ　ＯＫＩＮＡＷＡ」を引っ込め、「翁長知事の遺志を引き継ぐ」を新たなキャッチフレーズとして採用し、演説する在りし日の翁長雄志の姿が玉城の右肩に印刷された。
>
> 任期途中の8月に急逝した翁長の後継者であることを強調した、事実上「死者」との二連ポスターである。

あらためて読み返すと、かなり稚拙《ちせつ》ではありますが、やはり五大要素を意識して書こうとしていたことがわかります。以下、順を追って整理していきます。

①良いニュースには「謎」がある

良いニュースは、社会の「謎」を解くものです。それは優れたミステリー小説と同じように、冒頭に大きな謎が提示されます。そして、謎解きの過程そのものもスリリングなのです。謎を提示するために必要なのは問いを立てる力です。

このルポで言えば、大きな謎は事前に接戦が伝えられていた玉城デニーはなぜ過去最高得票で圧勝できたのか？　ということになります。そこで僕が解き明かす鍵にしたのが、急遽差し替えられたポスターでした。

謎というのはなんでも構いません。話題の事件なら逮捕はいつになるのか、なぜ逮捕されたのか、逮捕は妥当《だとう》だったのか、政策は妥当なのか……。良いニュースは社会にたくさんある「なぜ」に迫っていきます。そこから思わぬ成果にもたどり着くこともあります。古巣である毎日新聞が社会を驚かした大スクープの一つに「旧石器発掘ねつ造事件」（２０００年）

があります。

スクープが暴いたのは、歴史の教科書を書き換えるような大発見を連発し、「ゴッドハンド」の異名を持つ考古学者の発見そのものが、ねつ造だったということでした。取材班は連日の張り込みの末、この考古学者が石器を埋める場面をカメラに収めることに成功します。これが動かぬ証拠となり、彼は過去の歴史的発見の多くがねつ造であったことをついに認めるのです。

このとき、取材班が設定していた大きな問いは、なぜ彼だけが大きな発見を連発できるのか、でした。社会における大きな謎、その謎を解き明かすことはミステリーの方法論にもつながるものがあるのです。

②良いニュースには「驚き」がある

「驚き」とは、読者の頭の中にビックリマークを灯《とも》すことです。謎によって「？」を提示し、解き明かすことで驚きに変わる。これがニュースの黄金パターンと言えるものです。驚きの種類は様々です。「えっ、この人が！」「知らなかった！」「実はこうなっていたのか！」……。解き明かすことができなかったとしても「それだけ壮大な謎だったか！」といった驚

きもありえるでしょう。

この沖縄のルポでも、驚きをもたらす仕掛けをいくつか施しています。たとえばタイトルにある「幽霊」です。読者に「えっ勝利のポイントは幽霊なのか！」と興味を持ってもらうように仕掛けつつ、亡くなった翁長氏のどこが支持されたのか。流れを変えた玉城氏の発言とは何かを絞って読後に納得感をもたらすようにしました。驚きは納得がないと消化されないからです。

驚かせるだけなら大仰《おおぎょう》な見出しを立てる、突拍子《とっぴょうし》もない解釈を入れる、もしくは「〜〜か？」とつけるだけで十分なのですが、読者が「見出しではびっくりしたけど、読んでみたら大したことがない」と思ったとしましょう。その読者は二度とその書き手の記事に戻ってくることはありません。書き手個人もメディアですから、メディアとしての信頼を保ちたければ、驚きは納得とともに、が鉄則になります。

③良いニュースには「批評」がある

「批評」というのは独自の価値観を保ち、単なる提灯《ちょうちん》記事（相手の良いところばかり書いて終わる中身のない記事）で終わらせてはいけないということです。

ここで言う批評とは辞書的な意味で構いません。すなわち「事物の善悪・是非・美醜などを評価し論じること。長所・短所などを指摘して価値を決めること」（日本国語大辞典）です。インタビューで相手を持ち上げに持ち上げて、結果的にインタビュー相手の太鼓《たいこ》持ちにしかなっていない記事を目にすることがあります。PRを兼ねてのインタビューでもいいのですが、それならば作品や作り手のどこが優れているのかを的確に言語化し、批評すべきだろうと思うのです。

価値を決めるのはニュースの書き手、発信者の仕事です。すごいと言うなら、何がすごいのか。なぜ取り上げる意味があるのか。書き手はファンでも、当事者の代弁者でもありません。ニュースには自分が好きだから、相手がこう言ったから以上の理由が必要なのですが、そこを放棄してファンやその問題に関心がある人だけがわかるような言葉でインタビューを構成して終わりという記事も現実に存在します。

批評性というのは取材対象との距離の取り方と密接に関わってきます。取材者と取材を受ける側の距離に正解はありません。距離をとって書いたほうがより本質に迫ることもできる場合もあるし、寄り添ったほうがいい場合もある。あるいは、インナーサークルに入り込むことが効果を持つこともある。

何がいいかは現場や関係性によって変わります。よってケースバイケースとしか言えませんが、一つだけ確実に言えるのは、取材する側と取材先は同化できないということです。自分がどういう立ち位置から何を報じるのか。批評というのは書き手自身にも向けられるものです。

沖縄の記事で言えば、僕がとった立ち位置は「何も知らないことを自覚して、彼らの声を聞くことから選挙の意味に迫る」というものでした。沖縄について専門的に取材をしてきたわけではなく、何ら地縁もない。そのかわりに、利害関係に巻き込まれることもない。決められた日数のなかでできる限り関係者に会い、沖縄のなかで起きていることを自分の目で見て、声を聞き、資料を読み、印象的なシーンを記録し、書く。自分のなりのルールは「勝手な代弁をしない」ということでした。

「沖縄の人はこう考えている」「沖縄はこうだ」という大きな主語で書かず、かと言って「沖縄の思いを政府は汲み取るべき」だという論も書かず、選挙のシーンを描くことで沖縄と日本の象徴的な問題を浮かび上がらせることができるのではないか。

大所高所《たいしょこうしょ》から意見を書くのは大学教授や現地メディアの論説担当の仕事であり、「沖縄が〜」（そんなものが本当にあるのかは別の問題ですが……）と代弁するのは長く取材を続けてき

た記者、沖縄問題を好きな書き手がやればいい。僕が書くことができるのは、シーンや彼らの言葉の積み上げた先に見えてくる世界を提示すること――。それがスタンスでした。あらゆるクリエイティブの世界に言えることですが、自由に好き勝手やるよりも一定のルールを決めたほうがよりおもしろいものが生まれます。ニュースの世界も同じです。対象への批評性を持つことで、よりクリエイティブなものが生まれるのです。

④良いニュースには「個性」がある

「個性」とは、この人じゃないと書けないよねと読者に思ってもらえるようなニュースを書くという意味です。よく学生や企業の広報から「新聞のようなニュースは客観報道で個性がない」と言われることがあります。これは、とんでもない誤解です。

　客観報道とは事実を可能な限り検証可能な形で提示して、自身の考えをこうだと書かない記事のことです。ですが、同じ事実を伝える記事であっても、記者によって書き方は異なります。新聞記者時代も同じ事件の取材をしているのに、僕が書いたものと読売新聞や朝日新聞の記者が書いたものでは、プロが読めばどれもまったく違うということがありました。

　たとえば火事でも僕がまだ確定していないと判断して「調べている」と書いた出火原因の

推測を、他社は「寝タバコの可能性があるとして〜」と報じるといったようなことです。どちらも客観報道ですが事実の報じ方一つとっても、人によって重みのつけ方が異なります。いくら速報スタイルがあると言っても、10人記者がいれば、同じ事件を取材しても10通りの記事が出てきます。完全に同じ記事はありません。

　ことほど左様に、どんな記事にも少なからず個々人の視点が紛れ込みます。いくら客観性を意識したニュースであっても「個性」から離れることはできないのです。同じスタイルの記事であっても「あぁこの記者の視点はいつもいいなぁ」とか「そこを深掘りするのか」と唸らされるものがあります。

　定型のスタイルがある記事ですらそうなのだから、インターネットニュースのようなフリースタイルなメディアでは、文章や視点にもっと個性が出てきます。僕のルポで言えば、冒頭に書いた選挙ポスターの変化に着目し、それがまるで玉城デニーの肩にのる「翁長の幽霊」に見えた、と書いたこと。この二連ポスターが象徴するものとは何かという問いが、他の記事にはない個性ということになるでしょう。結論部分にはこんなことが書いてあります。

「幽霊」は対立する問題に対して、ある時は正解を知っているものとして立ち現れる。「課題は

あるが、彼はこう言っていたのだから頑張っていこう」と、人々は「幽霊」の遺志のもと、結束することもできる。
だが「幽霊」は遺志の解釈を巡る争いを諫めることもできなければ、和解を仲介してくれることもない。つまり、内部にある課題は残ったままなのだ。

注目の選挙なのでいろいろな人が取材をしていました。多くの記事が出るなかで読んでもらうためには、この人でしか読めないという個性を明確に打ち出す必要があります。こうした一文を入れたことも、個性を際立たせるために効果的だったと思います。

⑤良いニュースには「思考」がある

「思考」を考えるうえでヒントになるのが、ノーベル経済学賞を受賞した心理学者ダニエル・カーネマンの著作です。彼が心理学者でありながら経済学で高く評価されたのは、経済に不可欠な人間の行動や認知についての理論を確立したからです。著書『ファスト&スロー』を参考に簡単に説明しておきましょう。この本のなかで、彼は人には二つの思考経路が備わっているのだと比喩を交えて説明しています。第一に直感的かつ感情的な「速い思考」、

第二に理性的、論理的に考える「遅い思考」。僕が大切にしたいと考えるのは前者と後者のバランスです。

今、インターネットにあふれているのは、直感や感情を刺激させるニュースであると言えます。つまり喜怒哀楽といった感情を刺激するニュースです。「喜び」は笑いやウケを狙うニュースで、「怒り」は「許せない」という感情とともにシェアされるニュースです。「哀しみ」は社会で起きる悲劇的なニュースに、「楽しい」はエンタメ関連といったところに代表されるでしょうか。

人間は情報が多すぎて処理できないとき、しばしば「自分が属する集団の多数意見を受け入れたり専門家を信じたり」します（別冊日経サイエンス『心と行動の科学』「科学的思考を阻むバイアス」）。こうした人間の特有のバイアスによって、しばしば非合理的な行動を引き起こしてしまうのです。

人間にはバイアスがあることはすでに示されていますが、同時にバイアスに対処する方法があるということも示されています。だからこそ大事になってくるのは、遅い思考とも歩調を合わせられるニュース、感情を刺激して終わらないニュースとは何かを考えることです。

沖縄をめぐる問題はどうしても二項対立になりがちです。単純な対立軸を作り、新基地移

設反対派勝利を伝える記事をより感情的に書くこともできます。逆に反対派勝利を揶揄《やゆ》するような記事を書いても読まれるでしょう。単に数字を狙うならそちらのほうが合理的ですが、それでは「見たいものが見たい」という人間の欲望に忠実なだけのニュースになってしまいます。そこで必要だったのは読者を手っ取り早く結論にたどり着かせず、あえて「遅く」人々の動きを描き出すことでした。どうして彼らはこう考えるのか、どうしてこういう結果になったのかと書き手が思考を深める過程、立場を超えて共有している思いを丁寧に描くことで、多くの人に向けて開かれたニュースになっていくと僕は考えたのです。

　感情を刺激するだけのニュースの難点は、それなりに数字が取れるのですが、二項対立で問題を単純化し、分断を促してしまうことです。イタリア・ＩＭＴルッカ高等研究所のウォルター・クアトロチョッキらの研究、「ネットの共鳴箱効果」（日経サイエンス２０１７年７月号）などがそれを示唆しています。彼らの研究によるとソーシャルメディアのユーザーは自分の信念を裏付ける情報はたとえ誤情報であっても受け入れてシェアするものの、それとは違う情報は受けつけないことが示されています。簡単に彼らの研究を紹介しておきます。

　彼らは２０１０年〜１４年にかけて、インターネット上で陰謀論（たとえば「予防接種をすると自閉症になる」といったものが）がどのように拡散していくのかを調べました。最終的

に対象になったのは73のフェイスブックページで、陰謀論を流しているものが39、科学ニュースを扱っているのが残った34です。対照的なジャンルを好む人々がどう情報をシェアするのか。オンライン上の行動を分析することで、同じような意見の人々が固まっていくプロセス、陰謀論が広がるプロセスがわかると考えたのです。

科学ニュースは学術専門誌に掲載されたものを根拠にしており、一定の科学的な手続きに則《のっと》っていること。科学者や研究機関など発表主体もわかっています。一方の陰謀論は特定の手続きに則っているわけではなく、発表主体からして曖昧なものが多い。陰謀論者が提示しているのは、常に「秘密の計画や、誰かが意図的に一般市民から隠している真実」です。少しわかりにくいので、現実の事例を補足しておきましょう。

アメリカのドナルド・トランプ（第45代アメリカ大統領）を熱烈に支持していた人々のなかに「Qアノン」という一派がいます。２０２０年のアメリカ大統領選挙でトランプが落選したのは、選挙不正が起きたからだという陰謀論を主張し、連邦議会議事堂に突入した事件は歴史にその名を刻まれることになりました。

彼らが信じている世界観は、「トランプ大統領は単なるアメリカの大統領ではなく、小児性愛者のリベラルエリートたちと闘って世界を救うヒーロー。アメリカは政財界、ハリウッ

ドの大物たちによる闇の政府に支配されている」という典型的な陰謀論です。陰謀論は、次の陰謀論を呼び込みます。放っておくと先鋭《せんえい》化し、Qアノンのように時の権力、そして暴力と結びつくと社会はとんでもない代償を支払うことになる厄介なものですが、彼らを突き動かしているのは「秘密の計画や、誰かが意図的に一般市民から隠している真実」を知っているという世界観であることがわかります。

　クアトロチョッキらは4年間で計１００万人を超えるフェイスブックユーザーのデータを収集し、その行動を分析し、どのようにシェアが連鎖されていくか測定していきました。その結果、わかったことの一つは科学ニュースと陰謀論を好む人々の共通点です。この二つのジャンルは、どちらも熱心な読者を抱えており（もっとも陰謀論のほうがその数は3倍ほど多いのですが……）、彼らは積極的にニュースを収集していました。

　ここからわかるのは、陰謀論は「無知な人々」がはまり込むのではなく、積極的にニュースを知りたいという人々が接近するものだということです。その意味では、科学ニュースを好む人々と同じ動機を持っています。

　そして、彼らはお互いに自分が好むニュースに多く触れていました。科学ニュースを好むユーザーは科学ニュースを、陰謀論を好むユーザーは陰謀論に触れた記事を好んで読み、他

ジャンルのコンテンツを読むということはめったにないこともわかりました。シェアの傾向も同じです。お互い同じようなニュースを好む集団のなかだけで、情報がシェアされていったことも明らかになったのです。異なっていたのは、拡散のされ方です。陰謀論を好むグループはグループ内で拡散が持続し、科学ニュースよりも多くの人に広がっていきます。科学ニュースはすぐに拡散はするのですが、持続的には読まれず、一定以上の広がりはなく拡散は収束します。

人が積極的にシェアする情報は、自分がもともと持っていた信条や価値観、意見に合致しているものであることも明らかになっています。陰謀論を支持する人たちに「その情報は虚偽である。根拠は……」と指摘したらどうなるか。彼らは「事実は違ったのか」と驚き、考えをあらためるかと言えばそうではありませんでした。

むしろ、陰謀論が虚偽であると指摘されたら、逆に陰謀論が正しいと思い込む度合いが強くなるというユーザーも一定数いたのです。クアトロチョッキはさらに踏み込んで、社会的ネットワークを分析した結果、ある特定の情報に多く触れていけばいくほど、フェイスブックの友達が同じ嗜好で固まる可能性が高まるとも示唆しています。ことわざの通り、類は友を呼ぶのです。

現代のテクノロジーと増えていくオンラインの情報は、第1章で紹介したメンツァーたちが「SNSがしょうもない情報であふれるメカニズム」（日経サイエンス2021年8月号）で端的に指摘しているように、人間のバイアスを有害な形で増幅させています。彼らが紹介している研究でも、情報は人から人へと伝わっていく過程のなかで、否定的な情報が増えていき、そうした情報に接した人は情報のアップデートに抵抗する傾向が確認されています。ニュースの発信者たちも、この増幅に加担する危険性を常に抱えているのです。

一応指摘しておくと、いくつかの研究ではクアトロチョッキらが指摘するほどの効果はなく、誤りを指摘することで陰謀論の魅力が薄まるという結果もあります（別冊日経サイエンス『心と行動の科学』「陰謀論が広がる理由」など）。陰謀論を強固に信じている人ばかりではありません。「まぁそういうこともあるかもしれない」と弱く信じている層もいます。「誤り」という指摘はこうした層には届くと言えるかもしれません。彼らの研究はこれからさらに検証されていくでしょう。

いずれにしても、現実に言えるのはこういうことです。イエスかノーかという二項対立軸を作って、自分が正しいのだと主張するニュースを発信したところで、対立する意見の人たちに届くことはなく、自分たちの信念に合致するグループ内でシェアされて終わってしまう

可能性が常に残っている。沖縄で言えば、基地賛成派VS反対派という対立軸で論じても限界があるということです。

一つの声を主張するニュースはいかに根拠に基づき、科学的に正しい内容だったとしても、対立する側には届かずに、内輪の結束を固める効果をもたらして終わります。逆に言えば、対立する側はよくわからない存在となり、分断は深まっていくのです。こうした記事を良いニュースとは言えません。「遅さ」も大切にした「思考」には、分断を乗り越える力があるのです。

良いニュースは、クリエイティブだ

僕はここまでネット時代の良いニュースを定義し、良いニュースは五大要素によって支えられていると論じてきました。定義から五大要素を抽出《ちゅうしゅつ》した最大のメリットはニュースの価値がすべてフラットになることです。

すでに論じてきたように、マスメディア業界は伝統的に速報主義が強く、どこよりも早く知らないことを書く特ダネが重視され、果てしない特ダネ＝スクープ競争が生まれてきました。これ自体に意味もあります。競争があることによって、捜査機関が隠したがる情報にア

クセスしようとする意欲が生まれ、それが時にもっとも隠したい内部の不祥事を暴くことにもつながるからです。特ダネを掴むには地道な努力と運が欠かせません。

毎朝、毎晩の「夜回り・朝駆け」（刑事や検察官の自宅に行って単独で会って取材をすること）で、昼間は人の目が気になって話せないようなことでも一対一になれば話してもらうチャンスがあるかもしれない、と思いながら通いつめ、ちょっとした表情の変化や言い回しの違いから捜査の進捗状況を推し量る。その先に掴んだ「今日、逮捕へ」といった特ダネが紙面を飾り、その後の捜査も読み通りになるとギャンブルの勝利に近い快楽に浸ることができます。

政治家や官僚も同じ手法で取材をすると、どこかでちょっとした特ダネにぶち当たる。運が良ければ、日本の明日を左右するような局面で特ダネを放つこともできる。一度、当てた快楽というのはなかなか忘れられないものです。速報的な特ダネ競争が続いているのはこれが理由でしょう。

伝統的な特ダネは当然ながら非常に良いニュースです。社会的に関心が高い事件の５Ｗ１Ｈは**「謎」**に直結しますし、すべてに少なくない**「驚き」**があります。事件の背景に迫れば、当然のようにこの社会の問題点に突き当たり事実そのものが**「批評性」**を持ちますし、記者個々人の積み重ねが特ダネに結びつくので、そこには**「個性」**もあります。背景がわかれば

社会の複雑さに「**思い**」をはせるでしょう。ですが、繰り返しになりますが、インターネット時代では「それだけ」が良いニュースではありません。

分析や物語も五つの要素が含まれていれば、すべて等価値に良いニュースになります。

「**良いニュースは、クリエイティブだ**」と僕がこの本の冒頭で書いたことも、そろそろ違和感なく受け入れてもらえるのではないでしょうか。何をニュースと捉えるかは一人ひとり違います。着眼点に個性が表れるのです。同じ現場にいても「ニュースがある」と察知できる記者と、何も見えない記者がいます。僕がそのことに気がついたのは、岡山支局時代に取材したある事件でした。概要はこうです。

刑務所を出たばかりの初老の老人が岡山市内の郵便局に押し入り、金を出せと脅したとして逮捕・起訴されました。どんな凶悪犯なのかと思って裁判を取材しにいった僕は驚くことになります。岡山地裁の小さな法廷で、裁判官３人と弁護士、検察官に記者が数人いるだけの裁判でした。そこには背は１６０センチ前後、腰も曲がり弁護士との受け答えもたどたどしく、満足に字が読めない男性がいただけでした。弁護士は裁判関係の資料に書かれた漢字にすべてルビを振って、説明していたようです。

彼には軽度の知的障害があり、建設現場を転々としていたのですが、１９９０年代後半〜

2000年代にかけての不況の煽《あお》りで真っ先にクビを切られたという背景がありました。漢字の読み書きがあまり得意ではなかったことが原因だったのです。その後、コンビニの万引きなどで逮捕、起訴、刑務所行きを繰り返す。今回は刑務作業で得たお金を手に、唯一の親族のもとに行こうとしたものの、途中でお金が尽きてしまい犯行に及んでしまったのです。彼はまた刑務所に戻るしかないと追い詰められていました。

僕はこの姿を見て考えてしまいました。一体、何が本当の原因なのだろうか。彼の個人的資質によるものなのか。軽度とはいえ、知的障害者に不況のしわ寄せがいくことは目に見えています。高齢ということで若者以上に職もないでしょう。必要なのは福祉、社会的な支援であるはずなのに、刑務所から何の支援もなく放り出されてしまう。これこそが事件の核心なのではないか、と。

当時は事件担当の記者だったので、この事件を捜査していた警察官や弁護士にも取材をしています。ある程度、犯行理由が明らかになってから、この事件を指揮した刑事に取材をしにいきました。刑事の自宅に「夜回り」に行くと、こんなことも言われたのです。

「彼がやったことを許せないという被害者の気持ちはよくわかるよ。怖かっただろう。でも、記者なら事件の背景も調べたほうがいい。あれはあれでかわいそうなんだ。どうしてもあい

つだけが悪いとは言い切れないんだよな」

犯罪白書や矯正統計年報などでデータを調べてみると、彼のように刑事事件を繰り返して何度も刑務所に戻ってくるタイプがいる。その中には、何らかの障害を持つ人も少なくないことがわかりました。ここに「ニュース」があります。そうであるならば、刑務所から出た後に、福祉施設などへつなぐことが一番の解決策ではないか。僕は事件を機にこうした視点から刑務所を取り巻く状況について、いくつかの記事を書くことになりました。

ところが、ある新聞記者は裁判が終わった後に「まったく、こいつは何にも反省してないなぁ」とか「考えが浅いわ。もっと刑を厳しくしないと」と談笑交じりに話していました。彼らには僕にとっての「ニュース」が見えていなかったのです。

事実に基づき、僕はこの事件には、別の背景があると考えましたが、他の記者は事実に基づき、彼個人に責任があると考える。事実は一つでも、ニュースの見方には決定的な違いがあります。ある人には見えるものが、ある人には見えない。他の記者に見えていても、僕には見えなかったという事案もたくさんあります。もしくは見え方が違ってくるということもあります。

今までなら事件の背景を追いかけても、わかりやすい「特ダネ＝スクープ」ではないので、

そこまで高くは評価されなかったと思います。しかし、時代は変わりつつあります。今の時代こそ深く調べるということが大事になってくるように思うのです。スクープはわかりやすいので、これまでと同じように価値がありますが、五大要素を満たした良い分析や良い物語もまたクリエイティブであり、社会を前に進める力を持っているニュースです。インターネットが主戦場になっている今こそ、スクープだけではない五大要素を取り込んだニュースもまた必要となってくるのです。

表層的な見出し、PV、シェア数競争の果てに

ところが、です。五大要素の⑤でも書きましたが、インターネットメディアの世界では、ニュースに「共感」の押しつけが持ち込まれようとしています。的確に感情にアプローチし、人々がどのようにクリックするのか、どのような中身でシェアするのかを追求しています。これは新しいこと、良いニュースの追求ではありません。どれだけページビューを稼げるか、どれだけSNSでシェアされるかの競争にすぎないのです。競争の行き着く先は「良いニュースとは数字が取れるニュース」ということになります。

数字を取るために必要な感情を揺さぶる技術は、見出し論争に集約されています。新聞の

見出しは内容を端的に説明する見出しです。記事を書く部署と見出しをつける部署は分かれていて、最終的な見出しの決定権は見出しをつける部署が持っています。彼らの熟練の技は、記事を全文読まなくてもわかる見出し、つまり要約されている見出しをつける技術にあります。ところがインターネットではこの手法は不向きです。中身を読んでもらわないといけないのに、「要約」されていては誰も中身に興味を持たなくなってしまうからです。

インターネットの見出しはいかに読んでもらうか、シェアしてもらうかという観点から発展してきました。その到達点が人の感情にアプローチして、喜怒哀楽を揺さぶり、何か読まないとまずいかもと思わせる手法であると言えるでしょう。見出しのつけ方は大まかに五つの方法に分けることができるのではないかと考えています。事例を挙げてみましょう。

第一に、**取材先が言ったもっとも強い言葉を抜き出す**方法です。架空の記事から見出しを作ってみましょう。それはたとえば、【「東京の犯罪は増え続ける」 防犯のプロが明かす地下鉄の死角】といったものです。あれ、どこかで読んだなという印象を持つ読者は多いのではないでしょうか。この手の見出しは、同質的な人々が集まる空間（たとえば政権支持／不支持、政策の賛成派／反対派）でシェアされるために必須の手法と言えます。人間の言葉は共感を集めるからです。ただし、リスクもあります。同質的な空間でシェアされる以上の広が

りを見こみにくくなってしまうことです。

第二に、一時期大流行した**「?」をフックに使う**方法です。【なぜXは若者に支持されるのか？　すべてを変えたYという革命】といった感じでしょうか。一体何が理由なのかな、と思わせてさらにワンクリックしたくなるという手法です。

第三に、**感情を揺さぶる言葉を多用する**ことです。革命もそうですが、激白、潰す、震える、独占、真相、真実、理由、激怒、酷評、激増、地獄、驚愕、損、得といった言葉を積み重ねることで、記事を読まないと乗り遅れるのではないかと思わせるのです。この手の手法で行き着く究極の言葉は「神」でしょう。インターネットの世界には多くの神々であふれかえっています。【SNSの女神が激白　フォロワー増の秘策に心震える】といった見出しです。

第四に、**よりパーソナルな情報を押し出す**というやり方です。年齢、性別、職業に成功・失敗、注目などを掛け合わせて見出しに盛り込む。【30歳、元販売員だった私がパリコレをレポートするまで】といったものです。情報を大量に盛り込むことで、20代のときにあるブランドの商品の販売担当だった人が、転職して販売していたブランドのコレクションレポートを書いたということがわかります。転職して成功した「私」が書いたものというサクセス

ストーリーに年齢や性別といった情報をまぶすことで、読者との共通点をやや強引に作り出す効果があります。

第五に、**口語やネット上のスラング（俗語）や流行語を効果的に織り込む**方法です。【「うっせぇわ」なんて言えない　究極のかまってニャンコ】のような見出しです。これもよく見かけましたが、流行語を使うことは諸刃《もろは》の剣《つるぎ》です。「そのとき」はいいのですが、数年後どころか数日後でも、流行語から古さを感じるようになってしまい、およそ長期間読まれるニュースになるのは難しくなります。短期の暇つぶし記事にも意義はありますので、割り切って使うのならば、記事と読者との距離感を近づける効果はあります。

流行は形を変えて繰り返されていきます。ここに列挙した五つのタイプは、読者のみなさんがすでに見たことがあるような見出しばかりではないでしょうか。

消費されるだけのニュース

読んでもらうことが良いニュースの定義に含まれる以上、読みたくなる見出しの競争が進むことそれ自体は歓迎すべきです。しかし、見出し自体はあくまで一つのテクニック、手段にすぎません。手段に拘泥《こうでい》して中身が伴わない記事が一つでも混ざってしまうと、読者が離

れていくきっかけになってしまいます。もっと言えば、似たような見出しの記事であっても「信頼」を失います。

見出しで感情を刺激され、シェアしたけれど次の日にはシェアしたことすら忘れているなんてことはないでしょうか。あるいは大して中身を読まずにシェアしていることはないでしょうか。見出し先行で「おもしろそう」と思って読んでみたら、さほど良くもなくがっかりという経験はないでしょうか。こうした経験は、メディア側の手段がすでに目的化してしまっていることを意味します。

数字やシェア数の競い合いは、僕の感覚からすると地方支局で繰り広げられる特ダネ競争ととてもよく似ています。県警ネタを一刻も早く出そうと競い合う。ゲーム的な競争の先にいるのは読者ではなく、「良い結果を残した自分（もしくはメディア）」を認めてほしいという承認欲求になっているところが特に似ています。

１年前にインパクトが強かった見出しであっても他に真似されて、量産されるようになればインパクトは失われます。そうなると新しい刺激を与えるため、常に新ネタを投下しなければならなくなります。

平成から令和に元号が変わるときによく見かけた、「今年は●●の終わりが始まる」「ポス

ト●●のキャリア」といった予測ネタの見出しはその典型でしょう。終わりが始まる、と言っておけば絶対に正解します。世の中で変わらないものはありませんし、いくつかの事例をピックアップして「ほら予測が当たっただろう」と強弁することもできます。

そもそも外れていたところで忘れられた予測は大した話題にもなりません。２０１８年によく見かけた「ポスト平成」論にしても、多くの議論は「ポスト●●」にかこつけて自分の願望を語っているにすぎません。良いニュースを競い合うのではなく、「数字を残せば良いニュース」という発想で感情を刺激する見出し競争は、いっときのＰＶと引き換えにニュースにとってもっとも大事な信頼を傷つけるというリスクを背負うのです。

そして最大の問題である「分断」です。感情刺激競争は、分断も加速させる。先にも参照したクアトロチョッキやメンツァーたちの研究が含意《がんい》しているのは、人は荒唐無稽な「デマ」に対して正しいと思ってシェアするのではなく、「自分が信じる世界観」と合致するからシェアするということです。これは逆の集団にも言えます。

２０２０年から続いている新型コロナウイルス禍、東京オリンピック開催か中止かをめぐる議論はその典型です。分断が進行すると、意見の合致する集団同士が固まり、お互いの集団が違う意見を「敵」とみなす議論が進み、結局のところ議論は一向に進まず、現場を踏ま

えた実務的な解決策から遠のく議論ばかりが展開されます。

　では、どうしたらいいのか。僕は長期的には、人間のバイアスやインターネットの現実を踏まえたうえで、課題を乗り越えていく方法はあると思っています。

　そのために必要なのは、迂遠《うえん》ですがメディア（個人で発信している場合は個人）と読者との間で「良いニュース」の文化を創ることです。文化というのは長期の積み上げのもとに成り立つ信頼を意味します。短期的な合理性で考えれば、感情を刺激して満たすニュースを出し続ければいい。そのほうがネット上でのプレゼンスも高まります。ですが、長期的に考えれば、常に読者に刺激を与え続けるという選択肢しかなくなります。刺激は慣れていきますので、より強い刺激を与え続けないといけないということになります。

　僕がインターネットメディアに移ってから自覚したのは、新聞には当人たちが考えている以上の信頼という価値があることでした。テレビにも出版にもその価値がある。彼らは歴史的に長期的に積み上げた実績があるからです。しかし、内部にいる人たちほど、その価値を信じられなくなっています。

　第1章でも書いたように、フェイクニュースにどう対峙するかはインターネットとニュース業界全体の課題です。フェイクに対して、ファクトチェックをして「正しい事実」を伝え

れば問題は解決するというのは、人間の認知をめぐる科学的知見から考えれば甘すぎるくらい甘い発想です。それで問題は解決するなら、とっくに解決しています。ファクトチェックは対症療法にすぎないと僕は思うのです。

この先も技術的な進歩とともに、新しいフェイクニュースやプロパガンダは洗練されていくでしょう。そのときに、より根源から向き合うには信頼の醸成《じょうせい》、つまり「文化」がインターネット時代のニュース業界にとっても不可欠になります。文化を創るというのは地道な積み上げです。短期的な合理性をある程度捨てるためには耐える時間も必要です。長く続けるために将来に投資をすることで、その人や、そのメディアにしかできない代替不能な価値をもたらします。これは長期的に考えれば合理的な選択であると言えるのではないでしょうか。

短期の競争に追われるのと、長期的な活動とどちらが良いでしょうか。僕はすぐに消費され尽くさない「良いニュース」を継続して世の中に送り出したいと思っています。そのような人たちが増えてほしいとも思っています。ここから先は、小手先の技術論が必要だという人たちには相当物足りないものになるでしょう。

インターネットという時代の転換点をもたらしたテクノロジーが進展する時代において、

僕自身もこうした考えにすぐたどり着いたわけではありません。いくつかの手痛い失敗、インターネットの理想に燃えた過去と「現実」に向き合った結果としての敗北、そしてあらゆるメディアと関わるという選択――。すべての実践が学びであり、同時に「良いニュース」への試行錯誤でした。

次の章は、インターネットで起きた「新しい」の価値転換を踏まえ、良いニュースを出していくために何が必要なのか。僕がオールドから最先端と呼ばれたメディアで働いた経験から考察を深めていきます。「良いニュース」とは何か、という考察を深めてきました。

第4章

新しい記者になるための条件

オールドメディアには意味がある

最初になぜ新聞から始めるのか、その意義を強調しておきたいと思います。インターネット全盛の時代ですが、いまだにニュースメディアの基幹は新聞です。大手紙が典型ですが、１０００人単位の社員記者を雇い、中枢に記者を配置し、国内外に取材網を張り巡らせ、かつ連日ニュースを報じることができるメディアは、いまだに新聞もしくは通信社である共同通信か時事通信、テレビではＮＨＫだけです。民放の報道部門はそれよりもはるかに少ない人数しかいません。

雑誌は、主に東京に編集部を置いているだけで、普段から全国のニュースをくまなくカバーする体制を組んでいるわけではありません。幅広く、あらゆるニュースを扱うのではなく、トピックを選んで取材することで個性を発揮するメディアと言えばわかりやすいと思います。「文春砲」という異名で、２０１０年代後半のニュースメディアで、もっとも注目を集めていた「週刊文春」でも、人手はさほど多いとは言えません。加藤晃彦《かとうあきひこ》編集長が内実をメールマガジンで明かしています。

「週刊文春」は３つの班にわかれています。

セクション班、グラビア班、特集班です。セクション班は、林真理子さんのエッセイ、阿川佐和子さんの対談など連載を担当します。実は、「週刊文春」でもっともページを作っているのは彼らです。デスクを含めて8人の班員がいます。

続いてグラビア班。7人で「原色美女図鑑」などのカラーグラビアとモノクログラビアの計32ページを担当します。

そして、特集班は、その週のニュースやスクープなど「特集記事」を書く記者集団です。5人のデスクが班を持ち、そこに6〜7人の記者が所属します。3月末まで、記者はちょうど30人でしたが、4月1日から新入社員2人が加わり32人に増えました。これに、編集長の私と庶務担当が1人の合計54名で「週刊文春」編集部という組織になっています。

記者32人というのは、週刊誌ではもっとも多いはずです。

加藤さんは「記者32人」と書いていますが、一方で朝日新聞は2000人を超える記者を抱えています。文春がはるかに小さな体制であることは数からもわかります。2020年代に突入しても、インターネットメディアでは、文春以下の体制しか組めていないところばかりです。比較的人数を抱えているインターネットメディアでも、ニュース専従の記者の数は

10人～20人の間です。だから悪いというわけではなく、そもそもの規模が違いすぎるのです。

新聞が報じるニュースが一つの素材となり、ネットメディアが「●●新聞が報じている」というニュースを流すことがあります。重要ニュースがあった次の日に「1面は何を伝えたか」をウォッチするだけで、それなりのＰＶ数となり、一つのニュースが完成します。朝の情報番組では、いまだに新聞紙面からの引用を報じる時間があります。それとは逆に、「●●新聞が報じていない」ことが箔づけになることもあります。

今でも新聞が一つの基軸になって、インターネットを含めたニュース空間の屋台骨を支えています。新聞の購読者が減り、他に収益源を作れていないことで新聞社の経営が危ういのは事実です。ですが、代替する存在が登場していないことも事実なのです。

２０１０年代にあるメディア研究者から「くまなくニュースをカバーする新聞がなくなっても、インターネットがあれば現地から市民が情報を発信する」といった話を聞いたことがありました。残念ながらそんな未来は今後もやってこないでしょう。単発ではできるかもしれませんが、深く取材し、きちんとした人脈を作り、価値を判断することを継続的に「市民」に求めることは難しいからです。

僕の就職活動

僕は２００６年から２０１５年末まで、毎日新聞で記者として働いていました。岡山支局を振り出しに５年間、２０１１年から３年間を大阪社会部で、２０１４年から辞めるまでは東京のデジタル報道センターという新部署の立ち上げに関わりました。そこで最終的に、「新聞」の限界を感じてしまい、インターネットメディアに移籍するという決断をします。

よく「なぜ新聞記者になったのか」と聞かれることがあります。そのたびに困ってしまうのです。僕は新聞記者になりたいと思ったことは一度もなく、「偶然」の連続でたまたまなってしまったというのが正確な答えだからです。ジャーナリズムに対する高邁《こうまい》な理想も、特段やりたいこともなくただただ潜り込んでしまったというのが正解に近いと思います。

学生時代の第一志望は編集者、次がテレビの制作で、新聞記者は採用人数が多いから受けたというのが理由になります。自分の名前で書いて、食べていけるのならば理想的だけど、その力はないという判断で選んだ職種でした。第一志望にしても、中学生の頃からスポーツ雑誌の「Ｎｕｍｂｅｒ」が好きだったので、編集者になってスポーツ誌を作るか、論壇《ろんだん》誌やノンフィクション系の編集者もありだな、くらいの浅い発想しかなかったのです。

当たり前と言えば当たり前のことで、そんな考えで通るほどどこの世界は甘くはありません。

大手テレビ局、大手出版社を片っぱしから落ちたあたりで本気で考えをあらため、どこかに就職せねばという焦りだけで就職活動をします。

残っていたＮＨＫ、朝日新聞、出版各社と名だたるところはすべて落ちて、最終的にはいろいろな幸運が重なり毎日新聞から内定が出ました。幸運とはこういうことです。

最終試験の結果が内定者だけに伝えられるという日に僕に連絡が来ることなく、なぜか３日後にいきなり電話がかかってきました。内定者の中に他に行く会社が決まっていたか何かで辞退者が出たので、補欠だった人に電話したという内容でした。このとき、内定を辞退した誰かのおかげで僕のキャリアは始まったのです。

偶然と運に助けられて記者の仕事についたことが、今までの仕事につながってくるのだから人生はわからないものです。さらに幸運なことに、この世界は僕が思っていたよりもはるかにおもしろく、ニュースの世界を生きるためのスキルがすべて詰まっていました。

僕はこの仕事と近い世界に、落語家の世界、あるいは芸事の世界があるのではないかと考えています。基本的な仕事はすべて現場で覚え、場数を踏み、稽古《けいこ》を積み重ねていくからです。落語家も入門して最初の２〜３年は、前座《ぜんざ》として仕事の基礎や前座噺《ぜんざばなし》を学びます。僕のキャリアで言えば毎日新聞の地方支局に配属されて、地域面や県版と呼ばれる、その県で

しか発行されない紙面に記事を書くことがそれでした。

落語家は前座を終えると二ツ目に昇進し、自分の責任で高座の仕事を見つけたり、師匠から本格的に噺を学んで芸の幅を広げたり、先輩と一緒に落語会に出たりして場数を踏んでいきます。記者で言えば、地方支局で責任ある立場を任され、たまに全国版の記事を書いたり、企画を書いたりする時期がこれにあたるのでしょう。僕の経験則では、５～６年経てばどんな記者でもオリジナルの記事、前章で定義した「良いニュース」が年に何回か書けるようになります。そして、ここが分岐点にもなります。

落語芸術協会の公式サイトには、二ツ目について印象的な記述があります。「噺の稽古（噺の数や技術）にも気を入れないと、たちまちライバルとの差が開いてしまいます。時間が急にできるので、人によっては、だらけてしまうのもこの地位だと思われます」

記者も基礎的な力が一番つくのもこの時期です。とはいえ、新人時代と比べて多少は気持ちに余裕もできてきますし、業界の慣習にも染まりやすい時期で、サボり方も覚えます。稽古にも気を入れないと差が開いてしまうという点にも近いものを感じます。

二ツ目で修業を一通りこなして、記者なら10年も経てば一人前、落語家で言うところの真《しん》打《うち》になります。取材も記事も一通りこなせるようになり、１面や社会面での大きな企画など

真打らしい大ネタもできるようになります。前座や二ツ目が真打の大ネタをやると滑稽になること、昇進してから読者を呼べる「看板」になれるのか、真打になってからがプロとして本番——という点も似ています。

僕の新聞記者時代の10年間、特に最初の岡山支局での修業時代は落語家で言えば前座から二ツ目という時期にあたります。この時代にニュースの基礎をきちんと学べたことが、僕のキャリアにとって極めて有意義で、豊かな時間だったと今なら思えるのです。今なら、というところがポイントで、当時は何をやっているのかはまったくわかっていなかったのです。ここであらためて言語化したいと思います。

新聞の強みとは何か？

特に良かったと思えるのは、新聞記者を経験することで、ニュースを仕事にするうえで欠かせないニュースを**「おもしろがる力」**が身についたことです。ある社会事象を取材するにあたり、どうしても必要になってくるのが、人や物事を知りたいという好奇心であることは多くの人が賛同してくれると思います。僕はニュースの書き手というのは本質的に軽薄であり、不謹慎であることからは逃げられないと考えています。

ニュースとして報じるにあたってついて回るのが、他人の不幸です。事件には被害者がいて、災害にも被害に遭う方がいます。災害も、感染症の流行も、事件も同じです。ニュースを生業《なりわい》とする以上、社会にとって決して起きてはいけない出来事も仕事として取材をすることになります。多くの場合、報じる側は当事者ではありません。あくまで、第三者という立ち位置からニュースに関わっていくのです。

　そのときの動機はなんでしょうか。「社会を良くしたい」という正義感、弱い人の立場を代弁したいという義憤《ぎふん》だという人もいるでしょうが、その根源にあるのは、結局のところ「知りたい」という好奇心ではないかと思うのです。より正確に言えば、単なる「好奇心」ではない、「思慮深い好奇心」です。他人の不幸に土足で踏み込むことをよしとせず、相手が語ってもいいと思えるまでの関係を構築し、「知りたい」を伝えること。これがベースにあると仕事を重ねて気がついたのです。

　知りたいと思わずに、正義感や義憤で社会と関わりたいという人に向いているのは、政治家か社会運動家でしょう。なぜニュースでなければいけないのか、という問いには十分に答えられていません。

　レイモンド・チャンドラーの名作『さらば愛しき女よ』に登場する、私立探偵フィリッ

プ・マーロウは「この仕事から好奇心を除いたら、何も残らない」と語っています。職業は違いますが、思わず「わかる」と言いたくなる良い言葉です。やはり、いくら考えても、僕にはその答えは「自分が知りたいから」という以外の出発点はないと思えるのです。

今でこそこんな本を書いていますが、当時の僕はまったく「使えない記者」でした。最初は新聞社の伝統に則り、警察取材＝サツ回りでしたが、配属されて1ヵ月もしないうちに、半端な取材で書いた交通事故の記事で事実関係を間違えて、同期のなかでもっとも早く訂正記事を出すことになりました。訂正は記者にとって最大の不名誉で、毎日新聞の場合、手書きの顛末書《てんまつしょ》を出さないといけないのです。

あろうことか事故の関係者から抗議の電話が入り、当時のデスクが自宅まで行って謝罪をすることになりました。小さな交通事故の記事でも、書かれる側にしてみたら「新聞沙汰」です。当時の僕はことの重大さにまったく気がついていませんでした。すべての要因は「どうせ第一志望で選んだ仕事ではない」という甘えです。なめた態度で仕事に取り組めば失敗するに決まっているのですが、そんなこともわかっていなかったのです。

反対に華々しいスクープとはまったく無縁でした。同期が堂々と1面を飾り、ＮＨＫが全国ニュースで追いかけるような記事をものにしたり、全国を騒がせる事件を取材したりして

いる時期に、僕が何をやっていたかと言えば、最速で訂正を出した「問題児」として、岡山県内を車で走っていただけでした。お荷物な新人だったのです。新人記者の登竜門とも言われるサツ回りでさっぱり成果をあげることもできず、同期の活躍を羨《うらや》んでいるだけで1年目が終わっていきました。

支局は小さな所帯で、僕がいたときの岡山支局は4階建の古くて小さなビルで、1階が駐車場、2階が僕たちの仕事場、3階が会議室で、4階は支局長住宅（本当に年がら年中、支局長が住んでいる）でした。仕事場にはデスク席、支局長席の他にこれまたえらく古いオフィス用の机が人数分より少し多く、大量の紙資料とともに雑然と並んでいる。そんな場所でした。

支局長とデスクを除く若手記者は6人前後で、直近の先輩たちは「優秀」と呼ばれる人が多く、のちに出世していく記者ばかりでした。海外特派員になったり、政治部で永田町の中枢に食い込んだりと結構な活躍をしています。誰がどう見ても落ちこぼれだった僕は、毎日、いつ辞めるかばかりを考えていました。

転機になったのは師匠、山根さんとの出会いです。修業時代に、記事の書き方とともに教わったものこそがニュースのおもしろがり方だったのです。彼の着任早々、2人で支局のす

ぐ裏手にあったベルギービールバーに行ったときのことです。木製のバーカウンターに座り、こんな話になりました。

「君さ、事件とか裁判ってさ、つまんないと思ってない？　あのね、それは間違いだから」

「はぁ」

「警察も裁判所も〝揉め事〟が集まってくる場所なの。揉め事っていうのは人の興味や関心を集めることなのね。ニュースをちゃんと読んでごらん。多くは人と人の揉め事だよ。政治もそうだし、企業の内輪の話もそう。人間は人間に興味がある。つまり、揉め事には読者の関心がつくわけ。揉め事には何かしら人間が出てくるし、社会的な問題だって入っている。しっかり取材したら、いくつかは君の関心のあるものが出てくるよ。すべてに関心を持てとは言わない。君が本当におもしろいと思って、書きたいというネタならいくらでも県版は空けるから。他に載ってない記事はすべてが特ダネだよ。それは忘れないように」

山根さんは、自分がおもしろくないネタなら見切りをつけて最低限の労力でいい、その代わりにおもしろいと思うものは全力で書けばいいとよく言っていました。少し余談ですが、それはいかにも毎日新聞らしい発想でした。全国紙のなかでも部数が少ない毎日新聞記者は、朝日新聞や読売新聞が３、４人で取材しているものを１人か２人でこなさないといけない。

それでいて見劣りする紙面になったら「お前は何をやっているんだ」と詰められます。人数勝負の局面で、抜きん出る記事を出すのは難しくても、目の着けどころや関心を深めて書けば他にはない記事になります。

山根さんが、僕に求めたのは「目」を鍛えろということです。他の記者と同じものを追いかけていないか、みんなが見落としているものはないか、と常に考えることを求められました。他の人と同じように取材をしていたら、差がつくような記事にはなりません。そして、同時にこんなことも言っていました。

「サツネタ（事件関係の記事）の特ダネはもちろん評価するけど、他の記事はまず俺が読んでおもしろいと思わせてくれ」

これは警察取材で他紙に先駆けて書く記事は文句なしに評価の対象にするけれど、別の視点から書いた記事も他紙が気づかない視点で書けばすべて評価するという発想でした。速報以外のニュースも読んでいておもしろいものを書けばいいんだ、という教えは大きなものでした。

新聞で得られる技術

「おもしろがる力」に加えて、ニュースの世界で生きていくために新聞記者修業で得られた最大の技術は**「取材力」**です。取材力の定義は人によって様々ですが、この本では以下のように定義します。

それは、人間にあたって、事実を調べ、見解を持つ力である、と。資料を探す、資料を読み込む、仮説を立てて専門家に話を聞く、当事者を探し当ててインタビューをする、何かを体験する……といった行為を組み合わせることで事実を探り、事実に対する考えを持つ。個人の考えは記事に必ずしも盛り込まれるわけではありませんが、仮説を形成するために必要になります。これらが誰の指示がなくとも、自分自身で継続的にできるようになること。これをもって、取材力が培われたと言えるでしょう。

新聞の良いところは、およそニュースがない日などないということです。事件・事故が起きれば、警察署に電話を入れる。火災があれば消防署に電話を入れる。幸いにして被害が広がらなければ、そこで終わりますが、広がりそうなら現場に駆けつけないといけない。事件にしても「大したことがないだろう」という最初の見解が、進展によって覆《くつがえ》ることもあります。常に柔軟に見立て、仮説を変更できるかどうか。そこで取材力が問われるわけです。

山根さんとの徒《と》弟《てい》修業のような時間を過ごすなかで、僕も気がついたことがあります。

それは適切に取材をして、定型を踏まえて書くことは特殊な技能だということです。事実は何で、どこからがその人の考えなのか、自分の記事でも事実と見解を切り分けることができるかといった基本的な力を身につけるためにも、落語家と同じように来る日も来る日も型を覚えるという時間が不可欠になります。

「たまに練習していた」程度でも、大学生の落語研究会レベルのアマチュアや、日常的に落語を楽しむことができるくらいにはなれるかもしれませんが、プロとして食べていけるレベルまでは上達はしないのです。新聞には毎日、何度か締め切りがあり、責任を持って任される担当があります。締め切りと責任が人を鍛えていきます。

アメリカの伝説的コラムニストにして、元新聞記者のピート・ハミルが書いた『新聞ジャーナリズム』を開くと、かなり驚くような記述があります。それは彼がニューヨークにあったタブロイド紙で働いていたときのことです。そこは、日本でも知られているニューヨーク・タイムズのような王道のジャーナリズムを体現する新聞ではありません。ハミルの比喩は極めて的確で、ニューヨーク・タイムズを「クラシック音楽、ニューヨーク・フィル」だとすると、タブロイド紙は「ジャズ」だと言います。バンドのメンバーと世界を転々とする

ことに喜びを見出すようなプレイヤーが揃っていたということでしょう。ハミルは、そのときの仕事をこう書いています。

> 火事の状況をただレポートするのではなく、大切な子供の写真や結婚式のアルバムが燃えて無くなってしまった人たちの悲しみを伝えなければならなかった。善玉と悪玉が存在する限り、その両方を探さなければならなかったし、疑惑をもたれて、メディアにおもちゃのように扱われている犠牲者たちを救出してやる必要もあった。時には自分ではそう感じてはいないのだが、あえて感傷的に書き、センセーショナリズムに走ることもある。しかしそんな場合でも、記者たちはそっとウィンクをしてみせるように、クールな皮肉をそうした記事に添えることを忘れなかった。
>
> （『新聞ジャーナリズム』）

この本を読んだのは、まさに僕の駆け出し時代でした。そして、こう思ったものです。

「なんだ、どこでも仕事は同じではないか！」

ご多分に漏れず、ジャーナリズム論もアメリカから非常に強い影響を受けていて、アメリカではどうなっている、こうなっているというのはいろいろな文献で読めます。しかし、そ

の多くは知識以上の意味を持ちません。知識は大事なので、知っておくことそのものは否定しませんが、結局それをどう生かすかは自分がどこを読み込み、どう行動するかにかかっています。

いざ事件が起きたとなれば被害者の家にも行かないといけない、捜査する刑事の取材にも行かないといけない。容疑者が逮捕されたら、刑事や検察官といった捜査側だけの言い分を聞くのではなく、たとえば弁護士事務所の前に立ち、弁護士サイドからも一言取ってこないといけない。僕にとってもう一つ幸運だったのは、これらをすべて一人でこなしていたことです。

人数を抱えている「クラシック音楽」的なメディアは、一つの事件でも被害者は誰々、警察でも幹部は誰々、現場を仕切る警察官を取材するのは誰々といった形で担当を割り振って取材します。情報「量」で勝負する場合、この方法は正解です。しかし一人でも時に「質」では勝負できるのです。現場の人数が少ないからダメだと思っていては、ニュースの現場では何もできません。

『新聞ジャーナリズム』は日本語版のタイトルで、原題は『NEWS IS A VERB』、つまりニュースは**「動詞」**だというハミルのニュース哲学そのものが本のタイトルに冠されていま

す。時にニュースの現場は「名詞」で事の大きさを判断しようとします。つまり、動きよりも、「誰が」が大事になるということです。

ごく一般的な人たちではニュースにすらならない動きが、有名人ならば、あたかも価値のあるニュースであるかのように取り扱われる。芸能人のスキャンダルがその最たるものでしょう。一つ有名人のスキャンダルニュースでヒットが出ると、他のメディアも続いて、他の有名人で同じようなことがないかと追いかけ、雑誌を元ネタにテレビもインターネットメディアも追いかける。そんな光景は、もはや日常になりました。

「動詞」に注目するとは、どのようなニュースを指すのでしょうか。山根さんは「揉め事」という言葉で表現していましたが、これも「動詞」に光を当てろ、ということです。人間と人間が動くことで、ぶつかり、何かが起きる。この場合の人間は有名な人でなくてもいいのです。

僕がここまで事例にしてきた事件報道には、「警察の発表に頼りすぎている」「警察の考えを垂れ流すだけの報道になっている」という批判があります。批判が当たっているところは大いにあると思いますが、批判する側もまた極論に走りがちです。

こう考えてみましょう。インターネットの世界を見渡せばすぐにわかることですが、「警

察」の部分を、たとえば「感染症専門家」という主語に置き換えてみれば、一方的な主張を善としてひたすら語らせるだけのニュースがあふれていることがわかります。専門家は社会全体のリスクを考えて発信するわけではありません。あくまで、目の前の医療現場や専門領域で起きることを答えているだけです。彼らに専門外の社会や政治まで語らせる記者もいますが、本来その必要はありません。何を取材していても、垂れ流しになる人はなってしまう。残酷ですが、それが現実です。

そもそも事件を取材するということは、警察の動きを追いかけることとイコールではありません。事件取材の本質は、人間の動きにあります。動きには、感情も含まれます。人間の動きを「事実」という形で抽出し、事実の背景に何があるのかを探っていき、自分なりに考えていくことに本質が宿ります。

事件取材をしていれば、犯罪被害者の悲しみに触れて、そこを契機にして人間関係が続くということもあります。犯罪被害者と一括りにされがちな人の中であっても、悲しみは個々人でまったく違うこともわかります。もちろん、現場の最前線にいる刑事も人間です。彼ら刑事もまた、現場にやってこない「偉い人」たちに憤《いきどお》ることもあれば、本当に言いたいことを言えないという苦しさを抱えています。容疑者本人や弁護士にも話を聞きにいったり、

裁判を傍聴したりすれば、たとえ容疑を認めていたとしても、被告には被告なりのそこに至る道があると知ることができます。

ニュースの現場は、動詞に満ちあふれています。そんな日々の中で僕が学んだのは、社会の仕組みであり、抽出した「事実」は一つでも、その解釈は人、立場、与えられた前提によって異なるということでした。

連載「安心の風景」の取材で学んだこと

取材というのは、一方もしくは利害関係者だけを取材して成立するものではありません。一方の立場だけを代弁するものでもありません。方々に——時に自分にも——疑問を投げかけながら、ものの見方を多角化し、問いを深めていく行為です。深めるという過程を踏むことも「取材力」なのです。取材を誰かの主張を代弁する行為として捉えたとき、ニュースのクオリティの低下が始まり、肝心の取材力を鍛えることは永遠にできなくなります。

僕が山根さんに「おもしろいものを書くじゃないか」と言わせた仕事の一つに「安心の風景」という連載企画があります。僕が事件現場を取材しながら、どうしても検証したかったテーマに「治安悪化神話」がありました。取材の端緒は県警から配信された「不審者情報メ

ール」です。

> 08年８月、岡山県警が不審者などの防犯情報を提供する「ももくん安心メール」に「知らないうちにはさみを持った男に髪を切られた」という情報が流れた。不審者は男性で45〜50歳、身長は１６０〜１６５センチ。メールに添付された地図が表示した現場は、岡山市内の古書店だった。
> 通報を受けた県警は捜査に乗り出すが目撃情報はなく、店内の監視カメラにも、それらしい映像はない。切られたはずの髪の毛も現場から見つからなかった。

この企画は、まだ稚拙であってもニュースの五大要素につながるものがありました。もっとも重要な問いはこうです。連載を始めた２００８年、岡山市のような地方都市でも子供が巻き込まれる犯罪が多発しているということで、ＰＴＡや地域のボランティアが中心になって、子供の見守り活動を積極的にやろうという機運が高まっていました。行政からの予算もつき、警察のパトカーのように青色の回転灯をつけたボランティアのパトロールカーも見回りのために走っていました。

たしかに子供が巻き込まれる犯罪の報道はありました。それも盛んに報道されました。し

かし、地域内で犯罪が増えたという話も聞かなければ、県内で増えたという話もなかった。ましてや日本全体で増えたという話もなかったのです。統計データが示す実態は逆だったのです。一体、なぜデータが示す事実とは逆に、住民の不安が高まってしまったのか。この謎を解き明かすことが、企画全体を貫く軸になりました。

当時、よく取材していた岡山県警捜査一課――殺人事件、傷害事件などを扱う部署です――の刑事から、こんな話を教わりました。

「防犯、防犯いうけど、事件なんて昔よりずっと減ってるんよ。みんなして変な不安を煽ってどうするんよ」

まずマクロのデータを確認するところから取材は動き出します。２００８年前後で、子供が犠牲になる凶悪事件ははるかに減っていました。人口動態統計の死因「他殺」というものがあります。僕が生まれた１９８０年代半ば、０～９歳の子供は２００人以上が他殺で亡くなっていました。それが２０００年代にかけて数字は減る一方で、２００８年前後は大体70～80人前後で推移していたのです。人口減を加味しても大きく減ったことに変わりはありません。一つひとつの事案はとても痛ましいものですが、全体から見て事件数は減っているのが事実ということです。

同時に犯罪白書を調べてみると殺人事件も減っていました。２００９年の発生件数（殺人未遂等含む）は１０９４件で、２００７年の１１９９件を下回り戦後最少記録を更新しています。２０００年代に入り（つけ加えれば２０１０年代もその傾向は続き）、殺人事件は減っていたのです。しかも、警察の殺人犯検挙率は90％台半ば～後半を維持している。数自体が決定的に少ないうえ、他国と比較しても日本ほど殺人が起きていない先進国はないと言ってもいいくらい安全な国になっていました。

では、なぜ人々は犯罪に不安を抱えていたのか。それは小学生女子が被害者になる事件が２００４年に奈良県で、２００５年には広島県で発生し、容疑者逮捕までの間に多数の報道がされたことにありました。メディアを介して、頻発しているわけでもないものを頻発しているように感じ、何らかの対策に動かないといけないと岡山市に住む人たちも思ってしまったのです。さらには行政も予算をつけて、しだいに防犯活動を奨励《しょうれい》するようになっていたというのが取材を始めたときにわかったことでした。

調べてわかったこれらの事実には、五大要素の一つ**「驚き」**が詰まっています。この連載企画の構成はとてもオーソドックスなものですが、視点は他と違うと自負していました。１回目～3回目では、基本形の**「物語」**の方法を使い、現場で何が起きているかを主軸とした

ルポルタージュを書き、統計データと合わせて提示する。住民たちの意識がなぜ「治安悪化」に傾いているのかを取材をもとに明らかにし、背景にある報道量の問題やデータ的な根拠もなく警察や行政が盛んに見回り活動を奨励してきた事実を指摘しています。そのうえで「他人を信じてはいけない」と教え込み、不審者と指摘されたホームレスの排除などの事案をもとに防犯活動の「副作用」を考える。

4回目ではなぜ「防犯活動」に取り組みたくなるのかを**「分析」**しました。過剰な報道や、住民のリスク認知について、社会心理学的な知見を使いながら、人々が想起しやすい事件や報道量が多いものは起こりやすいと誤解しやすくなるバイアスがあることを指摘しました。

最終5回目では、よりマシな処方箋として、最新の知見をもとに効果的かつデータに基づく防犯活動、防犯教育の可能性を展望するというものです。ここには拙いとはいえ**「批評性」**もありますし、他に似たような企画もない、つまり**「個性」**もあります。

山根さんは、よく言われている俗説＝治安悪化を検証して根拠がないと覆しただけでなく、一般人や地方の警察はメディアや俗説に騙されていてダメなのだ、といったような形で全否定をせずに企画を着地させたことを評価していました。新聞はとかく、大所高所から「権力」や「世間」に対して苦言を呈することを善としがちですが、「安全に暮らしたい」とい

くれたのです。もっとも、そうした書き方になったのも山根さんのこんな一言があったからでした。

「あのさ、警察や防犯活動への批判はいいんだけど、それだけで終わらせるのはダメだよ。君も書いているけど、防犯活動をやりたいって思うことはちゃんと理由があるんだから、防犯活動の背景や別の案があるならそこまで書き込みな。紙面はいくらでも空けられるんだから、手を抜いてはいけないよ」

僕自身もこの一言があったおかげで、今の仕事にも通じていく大きな収穫を手にしました。それは「人は事実であるかどうかよりも、自分の世界観、考えに沿った情報を好む」という知見です。人間は見たいものを見ます。それは誰であっても同じです。どのような角度から「事実」を見るのか。人の解釈や受け止め方は、立場や置かれた状況によって異なります。しかも、同じ人であっても「事実」の受け止め方は、常に揺らぎ、考えを変えることだってあるのです。事実は大切なものですが、それはあくまで前提にすぎません。

治安悪化は幻想だ、というのはデータで裏づけられる事実ですが、山根さんが指摘したようにそれだけではまったく読む人に届きません。そんな話を渦中の現場でしても、「おぉ、

そうなんですか。では改めましょう」という人はほとんどいない。逆に「そうだったとしても、見回りしていたほうが安心じゃないか。副作用があるというなら、それを減らしていけばいい」という反応のほうが圧倒的に多かったのです。行政も警察の担当者も「みんなが安心するならいいのではないか」といった感じで、「あの記者は何を問題だと思って取材をしているんだ。みんなでいいことをしているのに」と不思議そうな顔をしていたことを思い出します。

希少性と善意

これが誤った情報だ、と指摘してファクトを提示したところで人は動かない。当時の僕はこのことに納得がいかなかったようで、なぜだろうかと背景をいろいろと考えています。連載3回目の肝になったのは、2006年時に内閣府が公表した「子どもの防犯に関する特別世論調査」のデータです。調査によると子供が犯罪被害に遭うことへの不安を持つ人が70%強いましたが、そのいちばんの理由は「テレビや新聞で、子どもが巻き込まれる事件がよく取り上げられるから」が80%を超えていたのです。たしかに子供が巻き込まれる事件は大量に報じられていました。

主題とは外れるので、紙面からは落としましたが、その理由を僕は「子供が巻き込まれる凶悪犯罪が大幅に減った」ことにあると考えていました。ニュースバリューという言葉があるように、情報にも価値があります。価値というのは、多くのモノと同じように希少性、ニュースの場合は起きた事件の珍しさで決まります。

凶悪事件が多かった時代というのは、事件が珍しくなかった時代です。昭和30年代の新聞を読めば、連日、子供が犠牲になる事件が多く掲載されていることがわかります。ところが内容は非常に薄いし、今のように細かく報道されていないのです。連日の続報かと思いきや一報のみで終わるケースがほとんどでした。

当時、調べていた１９６１年の毎日新聞には、母親が２歳の女児に農薬入りのジュースを飲ませて殺害したという事件が小さな見出しとともに掲載されていました。ところが、動機などには触れられていません。加えて、15歳の少女の体内から大量の木《も》綿針《めんばり》が出てきたというニュースが、「虐待の可能性もある」とこれまた小さく報道されていました。これも前の記事と同様に詳しい動機はわかりません。いずれも現代で発生したらもっと大きく扱われる事件ばかりです。

テレビや新聞が取り上げるニュースの第一条件は、希少な事案です。日常的に多発してい

る窃盗《せっとう》事件を事細かに報道するかと言えばまずしませんし、交通事故や火事——子供の死因で多いのはこちらなのに——もよほどの大事故でない限り、地方版に小さく載る程度です。子供が巻き込まれる凶悪事件が珍しくなったため、希少なケースとしてニュースに取り上げることになります。したがって、より詳細な情報、量が求められるようになっているというわけです。いざ子供が犠牲になる凶悪事件が発生すると、連日1面あるいは社会面で、一報で終わらず報道合戦が続く。テレビでは、情報番組でもワイドショーでもニュースでも、同じ事件が事細かに連続して報道されていく。この構図は、今後もそう大きくは変わらないでしょう。

希少性に加え、僕が重視したのは「善意」との相性の良さです。善意は非常に「厄介」な代物です。子供を守りたいか否かを問われれば誰だって守りたいに決まっています。しかし、守るにしても、本当に実効的な手段は何か、具体的にどう行動するか、その際のコストは何か。考えなければならない課題はいっぱいあるのに、「善意」という感情は冷静な議論を吹っ飛ばしてしまいます。「みんな子供を守りたいんだからいいじゃないか」と、明らかに排除を促す防犯活動でも肯定されてしまうのです。

世の中には善悪二元論で割り切れない複雑な問題はいっぱいありますし、善意だけで問題

が解決するならすべての問題はとっくに解決しています。大半の政策は「善き目的」に沿って作られているので、ならばほぼ無批判で万事ＯＫということになってしまいます。そうなったとしたらメディアはいりません。「善意の副作用」は常に警戒しないといけないのです。

僕は企画のなかでこんな問いを深めていきました。子供が巻き込まれる凶悪事件が減っているのは事実である。反対に増えていると思う人が多いのも事実であり、大きく報じる報道が原因になっているのも事実。たとえ遠くで起きた事件であっても「自分事」としてニュースを捉え、何か対策を取らねばと思う人がいるのも事実。もっとなくしていきたいという思いを持っている人がいるのも事実。行動に移す人がいるのも事実。事実と善意は交錯し、実は犯罪は減っているというマクロの情報よりも、目の前の悲劇に人は引き寄せられていくのです。しかし、それだけでいいのでしょうか。

子供が被害に遭う凶悪犯罪はたしかに痛ましいし、被害者は生みたくないという思いは当然のことです。しかし、少ない事案を防ぐために防犯対策がとられるのは社会的コストのかけ方としておかしいと言わざるを得ないし、ホームレスや知的障害者の排除といった予期せぬ副作用もあります。ならば、事実に即して、別のハイリスク群——たとえば交通事故予防に効果的な登下校、水の事故に遭わない方法——を減らす術を考えていくこと、虐待事案と

関連するとされる貧困対策などにコストをかけていくことで、子供の命を救うことにつながるのではないか。

統計から見えるエビデンスを大事にすることと、子供の命も大切することは決して矛盾《むじゅん》しません。書き手が思考を深めていくと、発信されるニュースも自ずと**「思考」**を深めるものになっていくということを、僕はこの企画で学んでいきました。

それは、事実の多様性を踏まえながらニュースを報じることの大切さを学んでいたとも言えます。ここで得た教訓は日本の歴史に残る大災害、大事件でも試されることになります。

2011年3月11日、東日本大震災と東京電力福島第一原発事故です。その話をする前に、ちょうど僕の修業時代に急速に発展し、日常的なものになったインターネット、とりわけSNSの効用について書いておきましょう。

インターネットは新しい取材現場

とても良いことに、岡山支局の地方版には数百字で書ける短いコラム欄がありました。その名も「きび談語」という、なんだか気が抜けるようなタイトルなのですが、僕にはとても居心地のいいコーナーだったのです。その理由は二つあります。

第一にコラムは何を書いてもよく、テーマの選定から文体、内容に至るまで自由に決められたこと。第二に当時、毎日新聞の記事は地方版のコラムであってもインターネットに無料で配信され、各地の読者に読んでもらえたことです。地域防犯活動から、科学的な知見を踏まえた政策決定に興味を持った僕は、「エビデンス・ベースド・メディシン」（根拠に基づいた医療）という言葉を初めて知ることになり、「エビデンス」に基づいて考えていくことや、リスクのトレードオフ（あるリスクを軽減するという目標を達成するために、別のリスクを高めてしまうこと）への関心を深めていきます。

こうしたコラムには、２０００年代後半に隆盛を極めていた「はてなブックマーク」でコメントがそれなりにつくことがありました。よくよく読むと、医者や研究者といった専門家筋から、会社員、学生といった市井《しせい》の人たちまで僕のコラムについて感想を書いていたのです。２０１０年10月にこんなコラムを書きました。せっかくなので、紙幅に合わせて削る前の原稿をそのまま載せておきましょう。

> ある著名人のジャーナリスト論には「民の視点」「権力の監視」「志」が大事だと書かれている。
> あえて、異議を唱えよう。現代の問題は、民と権力の二項対立でとらえられるほど単純ではない、

と。複雑な問題で大事なのは、リスク評価、費用対効果、対策が新たなリスクを生まないかを分析する力だ。市場を敵視したり、少年犯罪や化学物質など過小なリスクを大げさに報道したりすることが「民の視点」なんていいかげんだ。冷静な分析が結果として公益につながる、と僕は思うのだ。

この著名人というのは、今は亡き筑紫《ちくし》哲也《てつや》さんのことです。筑紫さんは元朝日新聞記者で、ＴＢＳ『ＮＥＷＳ23』のキャスターとしても大活躍していた気骨あるリベラル知識人です。筑紫さんのいくつかの仕事は非常に尊敬していますが、ジャーナリズム論の語り手としては不満がありました。二項対立で捉えることで、こぼれ落ちてしまう点があるからです。たとえば、地域防犯活動で言えば、「民の視点」にたてば、いくらでも「民」の活動を肯定できます。ですが、結果として「不審者」というレッテルを貼られ、地域から出て行かざるをえなくなってしまう人々が生まれます。

「民の視点」と警察、行政も一体となってこうした活動が進めば、当然ながら「民の視点」と「権力」は一体化します。筑紫さんの論はここで隘路《あいろ》に陥ってしまうのです。ですが、これは時代的な制約とも言えます。筑紫さんが活躍していた時代はシンプルな構図で良かった

のですが、当時の僕にとっては、論の大部分が時代遅れになってしまっていて、およそ現実を捉えられないと思えたのです。

こんな僕のコラムにも「はてなブックマーク」ではしっかりとコメントが付いていました。僕はコメントしてくれる人々のブログを巡回し、彼らが読んでいたサイモン・シンなどの超がつく一流の科学ライターのノンフィクションを読み、その本についてさらにコラムを書いて紹介していきました。そうすると、またコメントが寄せられる。時に批判的なコメントに対して、紙面を使って応答することもありました。岡山支局の記者が順番で書いていたので時間はかかりましたが、新聞のコラムという場を通じて、僕は読者と双方向で応答するネットワークを築き、彼らの知見を活用しながら、取材のヒントを得て、実際に記事にもつなげることができていました。

これは新しい流れが生まれていると思ったのです。とはいえ、僕が考えていたことは世界を見渡せば、とっくに前例がありました。それは、２０２０年代の世界を揺るがしている新型コロナウイルス問題にもつながる事例でもあります。一般社団法人「サイエンス・メディア・センター」が翻訳したレポート『「ＭＭＲワクチン論争」から学ぶ』というものがあります。概要はこうです。

ＭＭＲワクチン（はしかなどの三種混合生ワクチン）接種が原因で、自閉症発症率が高まるという論文を端緒にした論争がイギリスで起きました。論文には科学的観点から批判が相次ぎ、ねつ造に近いと評価されているにもかかわらず、「ワクチン接種で自閉症」という世論として拡大し、結果としてイギリスの麻疹感染者は増大していったのです。ここでイギリスが良かったのは、科学者とメディアが対話を重ね、報道を改善していったことです。なぜもっともらしいが明確に誤った情報——この場合はＭＭＲワクチンが自閉症の原因説——は流れてしまったのか、科学者とメディア関係者が率直に意見を交わして記録をまとめました。大事なのは結論部分です。そこでは記者と科学者の役割についてこう述べられています。

> 記者及び編集者は責任を持って公共の利益に適合する記事を書かなければならない（……）科学者が市民と効果的にコミュニケーションを図りたいと考えるならば、まずメディアと効果的にコミュニケーションをとる必要があるのだ。（……）ＭＭＲが記事の見出しを飾るときには（……）科学者とジャーナリストが協力し、市民に情報を可能な限り責任を持って伝えることが重要となるのだ。

ここには僕が当時考えていた、インターネットを活用した新しいニュースのひな形があるのではないか、と思いました。先の事例に引きつけて考えれば、治安悪化論もMMRも、一度「常識」として流通してしまった情報を打ち消すのは相当難しいものがあります。たとえるならば、火事現場で燃えさかる火にバケツで水をかけているようなものです。しかし、誤った常識は常に別のリスクを生んでしまう以上、微力とはいえ地道な火消しは常に必要になります。記者が一人で火消しをすることは非常に難しいのですが、専門家と協力することで、火消しは強力になる。

もちろん、すべての火事をゼロにすることはできません。事実をもって考えを変えさせることが難しい人が必ず出てきますが、そこばかりを見ていると対策を見誤ります。ちょっとした失火を見て、「火事をゼロにすることができなかった」と嘆く必要はないのです。人間の行動をコントロールできないということもまた事実です。目標は「根拠のない情報に基づいて行動する人をゼロにする」ではなく、「社会的不利益が大きい根拠のない情報に基づく政策をゼロに近づける」くらいが適切でしょう。

そのための手段の一つが、記者と専門家がタッグを組み、共通の社会的目的を定めて議論しながら、SNSも含めたネットワークの中で情報を発信すること。そして記者は各専門家

同士が異なった意見を述べたときの対立点を整理し、各人の位置づけを考えていくための取材を始めていく。専門家の発言を批判するのも、記者に課せられた役割になります。大事なのは記者の取材と専門知を公益のためにミックスさせていく姿勢にあるということです。

当時の僕は、こうした報道は誰もが可能であり、目指すべき道だと無邪気に信じ込んでいました。基本的な方向性は正しいと今でも思います。しかし、後年、明らかになるように誰でもできることではありません。「専門家」もまた世論を動かそうとしたり、取材記者が「代弁者」になってしまったりして極化した意見を流すということになるなど、連携の課題も明らかになってくるのですが、そうしたことには思い至りませんでした。

もう一度、インターネットの可能性に話を戻しましょう。一地方支局の記者が書いた県版の小さなコラムであっても、インターネットの読者のなかには、専門家もいて、日本どころか海外でも読んでくれていて、しかもコメントを介してコミュニケーションを図ることができる。インターネットは情報のアクセス源を広げただけでなく、ネットワークを作り取材力を強化してくれる最高のツールでした。その流れを加速させたのは間違いなくＴｗｉｔｔｅｒ（ツイッター）の登場です。

はてなブックマークでつながった人たちとのネットワークは、そのまま僕が開設したツイ

ッターにも引き継がれ、僕は彼らから取材のヒントをもらったり、たとえば代替医療の問題を扱った記事では識者として登場してもらったりすることもありました。インターネットは新しい「取材現場」となっていたのです。世界には前例もあり、この技術を使えば、「安心の風景」のような企画は、もっと豊かなものになると思いながら、震災と原発事故を迎えることになります。

新聞記事＝ニュースではない

２０１１年３月11日は、僕にとって岡山支局で５年を過ごし、５月から大阪社会部への異動が決まっていたという時期でした。そして27歳になって、完全に調子に乗っていた時期でもありました。日本の歴史に残る災害と原発事故です。支局で早く現場に入って、取材をさせてほしいと言っていましたが、それも若さゆえの過信です。

３月22日、現場を見て一瞬のうちに「自信」は崩れ落ちました。岩手県宮古《みやこ》市田老《たろう》地区に取材に入った僕は、大きな衝撃を受けることになります。最初の単著になった『リスクと生きる、死者と生きる』で、僕は当時受けた衝撃を書き残しています。むしろ、この衝撃を受け入れ、見つめ直すためには一冊の本を書く必要があったのだと思えます。

道路を曲がり地区の風景が一望できる場所に車が入る。街の一切がなくなっていた。運転席から見える光景は現実なのだろうか、本当に起きたことなのだろうか。この光景を見たとき、報道は何も伝えていないと思った。岩手の三月はデータの上では気温は低かったはずで、ときどき雪がちらつくこともあったが、寒さを感じた記憶はあまりない。海の匂いと泥の匂いが混ざった風が吹いていた。

そのなんとも形容しがたい匂いは覚えている。

描写する言葉が出てこなかった。何を書いていいのか、何を取材していいのか、この光景をどう伝えたらいいのか。さっぱりわからなくなってしまった。もう少し付け加えると、何を書いても言葉が上滑りしていくような気がしたのは、このときが初めてだった。どんな現実でも取材をして、調べれば記事を書ける、というのは思い込みでしかなかった。

あのとき、何があったのか。当時の取材ノートを開きながら、思い出してみる。

三月二一日、沿岸部を男が一人歩いていた。年の頃は四〇歳前後だろうか。岩手県宮古市田老地区は津波に備えて海面からの高さ一〇メートルの防潮堤が作られていた。私も防潮堤を見に行った。過去の大津波の経験から導かれた対策だ、と男性は教えてくれた。しかし、今回の津波で

防潮堤は大破した。「想定外というのは本当にあるんだ」と言った。

別の場所でも口々に想定外という声を聞いた。

津波で何もなくなった田老地区で一人の女性が、がれきから家族の写真を探していた。「やっと見つかったから」と呟きながら、写真の泥をはたき、一枚、一枚倒れたコンクリート柱に並べていた。家族の思い出である。夜が明け、朝になるのと同時にがれきをかきわける被災者の姿を多く見る。釘がむき出しになっていて、余震もある。彼らはそれでも何かを探し出そうとしている。

（『リスクと生きる、死者と生きる』）

２０１１年３月10日まで、新聞記者としてネットと新聞を完全融合させて新しい地平を切り開くと思っていた僕が、取材を重ねながら、強く感じていたのは新聞の限界でした。自分が「良いニュース」だと思った伝えたい事実は、取材のメモのなかにたくさんある。本に収録したようなシーンは常にツイッターでも発信し、被災地のリアルを伝えてもいました。それなのに、いざ新聞記事にしようとすると、どうしても現地のデスクから「で、その記事の見出しは何？　どこがニュースなの」と聞かれてしまう。

問うてくるデスクの理由もわかります。この人たちの話のなかでどこに報じるべきポイントがあるのか明確にしてくれということです。震災、原発事故でニュースにすべきことはただでさえあふれるほどある。悲惨な経験をした人はたくさんいる。この章で紹介したハミルのニュース観で言えば、「動詞」は何か、と聞かれているわけです。引用した箇所の最後のように動詞が「探していた」では、被災した大半の人々に当てはまることになり、ニュースバリューはほぼないということになります。実際に、当時の紙面には本当に悲惨としか言いようがない人たちがたくさん掲載されていたのです。

　ニュースとして報じたいのならば、もっと明確な「動詞」を探すか、具体的な「人」を見つける必要があるというのはたしかに正論で、僕は何も言い返せませんでした。しかし、見出しになるものを探せば探すほど、どこかで読んだことがあるような「新聞記事」になっていき、掲載はできても、何かが違うという感覚ばかりが残りました。うまくデスクからの質問に答えることもできなかったシーンがノートにたまり、やがて記事にならないメモばかりが積み上がっていきました。社内には「ツイッターばかりやっているから、記事を書けない」「インターネットにかまけて、取材ができていない」と揶揄する人たちもいました。けれども、彼らは肝心な点を見落としていると僕は思っていました。

想定外の危機に直面した現場においては、「新聞記事」という完成されたフォーマットのなかではどうしても表現できない微細な思いをもった人たちがたくさん存在しています。新聞記事としてのわかりやすさ、あるいは完成度と、その人の思いに迫るということが一致しないのです。固定された枠、限定された書き方、そしてあまりに短い文字数では表現できないものであふれていました。

僕自身、被災した漁師の思いを新聞記事にすることはできても、彼の気持ちを余すことなく表現できたとは言えません。彼の人生にとって震災とは何か、という大切な問いに肉薄するような新聞記事はどうしても書けないという思いを常に抱えていました。

新聞は伝統的に培《つちか》われてきた書き方やルールがあります。名前には敬称をつける、「〇県△市、職業、名前（年齢）」といった表記の大原則もきちんと決まっています。いわゆる逆三角形と言って、大事な情報や場面を最初に詰め込み、後のほうは削られてもいいように、という考えも根強く残っています。丁寧にシーンを積み上げていき、最後のほうに大切な話を持っていくという書き方は基本的に望ましいものではないのです。たとえルポルタージュであっても、書き方の自由度は高くありません。何より、２０１１年以前から1行あたりの字数が少なくなり、読みやすさとわかりやすさを優先した紙面作りにシフトしていました。

僕はどうにも居心地の悪さを感じていたのです。新聞記事として収まりよくすることはできても、良いニュースになっているとは思えない。なぜ、このギャップが生じてしまったのか。ここに問題の本質に迫る鍵があります。

新聞記事にあるいくつかのパターンや新聞文体というのは、ニュースのパターンの一つであり、本来は伝えたいことにあわせて文体も方法も自由に選んでいいはずです。ニュース＝新聞記事ではないのです。

昔の新聞社は、文体や方法の冒険をしていました。たとえば毎日新聞の「記者の目」という名物コーナーは、記者が主観的な論を書く場という特徴があります。このコーナーが始まった１９７６年当時、社内、そして業界の常識は「記者とは客観報道に徹するものであり、自分の意見を書くことはご法度《はっと》」というものでした。ところが、毎日新聞の先輩記者たちはストレートニュースの紙面とは別のコーナーを作れば問題ないだろうということで、独立した場を作り、新聞のストレートニュースの文体とはまったく別の文体で取材に基づいた論を書くことを可能としたのです。

そこで僕は考えるわけです。では、新聞で得た力を使って、ニュースを文体から考えていく場を作ることはできないだろうか。ある。それこそが、字数も写真も制限なく入れること

ができるメディア、インターネットだったのです。これまで新聞記事を書くための取材ツールとして捉えていましたが、そうではなく、インターネットは字数の制約や紙幅の制約を解き放つメディアとして存在もしています。新聞的な取材力を生かし、かつ字数制限を解き放つ可能性を組み込んでいけるメディアとして捉えたとき、そこには可能性しか広がっていなかったのです。僕は、インターネットの可能性に賭けるという選択をすることになります。

次の章ではニュースの世界を一変させたインターネットメディアについて、現実を踏まえながら、可能性と難点について考察していきます。

第5章

インターネットメディアの新しさと難しさ

新聞に欠けている文体の冒険

２０１０年代も中頃になると、インターネットに対応したニュースが必要という認識は、新聞社内でも共有されていました。それも当たり前の話で、新聞社にしてもテレビ局にしても出版社にしても、およそホームページを持っていない企業はありません。その意味では、各社ともインターネットメディアとしての機能を有しています。インターネット専門メディア企業か、インターネットと印刷物、インターネットと電波を持っているのかという違いはあるにせよ、多くのメディア企業はインターネットと切っても切り離せない関係となっていたのです。

社内でこうした認識がより深まってきたのは、体感的には２０１３年の参議院議員選挙からです。この選挙からインターネットを使った選挙運動が解禁になったのです。僕は当時、大阪社会部にいて、立命館大学に所属していた社会学者の西田《にしだ》亮介《りょうすけ》さん（現・東京工業大学准教授）と毎日新聞との共同研究の形で、インターネットが選挙に与える影響を分析するという企画書を作って担当デスクに渡しました。

毎日新聞の世論調査セクションには統計分析のプロフェッショナルがいて、確度の高い調査ができます。インターネットと政治の動きを研究していた西田さんによるＳＮＳのデータ

分析、世論調査、そして記者の現場取材をミックスすれば他にはない記事が生み出せるのではないかとぼんやりと考えました。この企画に食いついてきたのは政治部です。大阪社会部から企画書が転送されたようで、「なるべく早く、西田さんを交えて東京で打ち合わせをしたい」という連絡がきたのです。入社してから数回しか行ったことがなかった東京本社の応接間に入ると、政治部長、デスク陣がずらりと並んでいて、緊張したままプレゼンしたことをよく覚えています。

とにもかくにも始まると早いもので、デジタル部門のエンジニアの提案で、イタリアとフランスからやってきたデザイナーを抱えている外部の制作会社にグラフ制作を発注して、日本の新聞にはこれまでなかったような図版を作ることにもなりました。今から考えてもおもしろい取り組みで、２０２１年にも通じる重要な知見を得た共同研究だったと思います。

僕たちは、検証したい仮説を立てました。その一つはネット上の「世論」は偏りやすいというものです。２０１２年12月の衆院議員選挙では、ネット上にあふれた「脱原発」「反原発」の声が、選挙結果にあまり反映されなかったという前例がありました。ネット上でいくら声が広がったとしても、それは局地的、もしくは一部で盛り上がっているだけであり、ネット選挙解禁は選挙結果に大きな影響を与えるものではないのではないか。これを実証的に

検証したかったのです。

　ツイッターユーザーのツイートから参院選の争点になりそうな政策テーマの関連語を集めたところ、鮮明に表れたのは「原発」や「憲法」など賛否の分かれるテーマにツイートが集中する傾向でした。通常の電話による世論調査では、社会保障や景気対策など生活に関係する政策が関心の上位にきています。

> 「原発」を含むツイート数は５万５１００件（１００未満切り捨て）。ＲＴを除いたオリジナルツイートは１万８６００件（投稿者数９１００人）、ＲＴ数は３万６５００件（１万６５００人）だった。オリジナルツイートの多くは投稿者が自らの意見を発信したものと考えられ、平均すると１人２件程度。その２倍近い人数が１人平均２件以上をＲＴした計算になる。オリジナルツイートとＲＴの投稿者が重なっている可能性もあり、「原発」に関心を持つ個人や団体など特定の層がＲＴを繰り返し、オリジナルの３倍にツイート数が膨らんだことがうかがわれる。
>
> 　毎日新聞が４、５両日、全国の有権者約３万人を対象に電話で実施した参院選の特別世論調査で重視する争点を聞いたところ、「年金・医療・介護・子育て」と「景気対策」が28％で並んでトップ。「原発・エネルギー政策」は８％にとどまった。ネット利用者が多いとされる20～30代

でもこの傾向は変わらず、「原発・エネルギー政策」は5％とむしろ少なかった。

（毎日新聞２０１３年７月９日付朝刊）

ここで明らかになっているのは、ツイッター上では特定層の間で関心の高いテーマの情報がリツイート機能によって急速に拡散し、ネットの声の広がりと一般世論とのズレが広がりやすくなっているということです。２０２１年になってもこうした傾向は大きくは変わっていないと思います。リツイートからハッシュタグをつけた運動に変わってきていますが、著名人がツイートするかどうか、発信するかどうかで拡大の傾向は大きく左右され、関心が社会的に広がるというよりは、ツイッターという局所的なメディアで運動が広がることにより、「時として」マスメディアに注目されることで、政治にプレッシャーを与えることもある、と解釈できます。

共同研究は、この時点でＳＮＳと政治の基本的な問題を実証的に指摘していたという意味で、大きな知見を残せたと言えます。しかし、すべてに満足だったかと言えばそうではありません。僕は東日本大震災の現場と同じ思いを抱くようになります。それが、新聞文体への不満でした。文章のスタイルとしての新聞文体の特徴は**「速報」**の派生系です。

よく誤解されていますが、新聞記者にとって文章力は必須のスキルではありません。新聞文体は文章力というより、「事実を誰でも効率良く伝えられることに特化したスタイル」です。パズルのように、記事を要約したリードを作り、ファクトを埋め込んでいけば、誰が書いても、ほとんど同じような記事が出来上がります。行数調整も楽で、重要度の低いファクトから削り落としていけば記事は完成します。速報はニュースの基礎としてほぼ完成しているスタイルなので、文章を磨くよりも、ファクトを間違えないことに重きが置かれます。

料理でたとえるならば、鮮度重視かつシンプルな漁師料理のようなものです。素材＝事実は一級品、あまり手をいれずに素材の良さをダイレクトに伝えるものを用意する。料理人の個性よりも、良い素材の良い部分だけを提供することが求められます。

新聞の枠は、２０００年代後半には「１０００字でも大原稿、1面と3面を両方使った展開（３０００字前後）は破格の扱い」と言われるようになっていました。あれもこれも放り込むよりは、よりファクトを厳選して、ツッコミどころのない記事が求められるようになっていったのです。そのくらい削《そ》ぎ落としているのだから素晴らしいという見方もありますが、僕はいつももったいないと思っていました。もちろん、僕の力不足もありますが、ただでさえ効率的な新聞文体から、もっと余白がなくなり、その分「余計なこと」や「無駄なこと」

を書く部分がなくなっていったからです。

先の記事にしてもツイッターの〝声〟と世論にある決定的な乖離《かいり》を見つけるまでには、何重もの検証があり、チームの中で議論を重ねました。今だったらこの議論そのものがおもしろかったので、ここから書き始めるレポートを書いたでしょう。

新聞記者の間には「十の取材をして、一を書くことが良い記事」という格言があります。これはその通りなのです。一見すると無駄だと思うことも多くを取材して、最後に残った一を書くことで、記事はより強靭《きょうじん》なものになります。大事なのは、残った一を書くための分量を確保することと、捨てる９割を自分で選べることです。紙幅の都合があるにしても、たとえば１万字と１０００字では決定的な違いがあります。インターネットと政治共同研究という取り組みでも、東日本大震災に続いて、結局、文体に縛られることへの不自由を感じることになりました。もし、新聞文体以外のスタイルを選べたら、もっと自由に書けるのではないかと思うようになったのです。

新しいニュース文体を創り出す

僕は２０１４年に東京にできた新部署、デジタル報道センターの立ち上げメンバーとなり、

新聞におけるウェブ記事の運用に携わることになるのですが、不満は簡単には解消できませんでした。新聞社には動かしがたいルールがあり、たとえウェブであっても新聞社の名前を冠す以上、新聞のルールのなかで運用されていきます。僕がどうにもまどろっこしいと思っていたのは、表記のルールだったり、「●●によれば、〜〜〜」といった書き方だったりしました。読みものとしてのおもしろさや文章のリズム、読みやすさよりルールを優先することで、つまらないニュースになってはいないか。

僕はここで一つの決断に迫られます。新聞社にいれば、活躍できるフィールドはあります。インターネット時代に対応する新聞発のニュースを手がけることもできるでしょう。しかし、このルール自体を変えていくことは難しい。良いニュースを伝えられる機会を逃していくばかりです。残った選択肢は、メディアごと変えてしまうことでした。僕は２０１５年末で毎日新聞を退社し、「インターネット上の良いニュース」を創るために、新しいニュースメディアとして注目されていた「バズフィード」に移籍します。先方から日本版立ち上げのスタッフとして参加してほしい、と声をかけられたからというのが大きな理由ですが、何より魅力的だったのは、最初期から関わることができるということでした。

バズフィードはアメリカを拠点とするメディアで、２００６年の開始からしばらくはネッ

ト上でシェアされるクイズなど、楽しめるエンターテインメントコンテンツが中心のよくあるサイトの一つでした。それが２０１１年に新興の政治メディアで活躍していたベン・スミスを編集長に据えて以降、変化が起きたのです。大手メディアからも記者を引き抜き硬派なニュースやルポルタージュを連発し、バラク・オバマ米大統領（当時）の単独インタビューにも成功し、アメリカ国内外の注目を集めました。海外展開も積極的で、日本版はヤフー・ジャパンとのジョイントベンチャーという形での立ち上げとなりました。

バズフィードは、ニュースも含めた無料のコンテンツで多くの人を引き寄せて、そこにインターネット上で広がるノウハウを詰め込んだ自社制作の広告記事なども並べて収益をあげるというビジネスモデルです。これは地上波テレビの仕組みに近いものです。

電通が毎年発表している「日本の広告費」２０２０年版によれば、新聞、雑誌、ラジオ、テレビという４大マスメディアの広告費は、２兆２５３６億円で、インターネット広告費は２兆２２９０億円となっています。今はユーチューブもテレビで見られる時代なので、インターネットを別枠にする必要性はさほど感じませんが、少なくともインターネットにお金が流れる時代になっていることは間違いありません。僕が移籍したときの状況も広告費の流れとは無縁ではありませんでした。

日本では２０１０年代に入り、マスメディアからインターネットメディアに記者が移籍する流れが加速しましたが、それもこれもインターネットメディアが記者を雇えるだけのお金を手に入れられるようになったからです。バズフィードのような無料モデルの特徴はこうです。まずコンテンツを閲覧すること自体に追加費用はかからず、制限もありません。つまり、記事そのものは無料で読めるものばかりなので利益を生み出しません。むしろ人件費やサーバー代を考えれば、赤字になります。したがって、収入を広告によって生み出す必要があります。広告は多くの人に見てもらうことで影響力を持ちます。そこで、より多くの読者を引きつけるための記事が必要とされたのです。

ごく簡単に言えば、インターネットでＰＶが求められる構図というのは、ここに原因があります。２０００年代のインターネット空間のメディアは、言い方は悪いのですが「安かろう、悪かろう」の世界でした。ニュースの世界で大した場数を踏んできていない人たち、もしくはニュースについてあまり深く考えていない人たちが手がけ、自分では取材もしないでテレビを見て書いただけの「こたつ記事」や、報道機関のニュースを寄せ集めただけのような記事、ＰＶを集めるためだけに作られた犬や猫の写真が並びました。

バズフィードでも似たようなことがなかったとは言いませんが、少なくとも日本のニュー

スチームはこうした構造を変えて、業界の健全化を目指したいという目標を共有していました。すべてがフラットなメディア空間のなかで、良いニュースもこたつ記事も数字の上で等価値になる現象をなんとかして変えていきたかったのです。

同時期、企業の動向や経済の動きを追うニュースメディアのなかには、「ＮｅｗｓＰｉｃｋｓ」のように読者からの月額課金によって有料会員しか読めないオリジナルの記事を増やし、成功したとされるところもあります。オリジナルコンテンツもバラエティに富んでいますが、基本にあるのは、日本のビジネス雑誌伝統の「特集主義」と専門性です。ビジネスという専門領域を持っている強みを生かし、ビジネス誌的な内容をスマートフォンに合わせて見せ方を整えていく。次々と「カリスマ」を生み出し、彼らを中心としたコミュニティを作り出し、現代的なビジネス誌の新形態とも言えるビジネスモデルにはおもしろいものがありました。

とはいえ、こうした専門を固定するやり方は、僕のような専門的な分野をもたないライターには向かないと思っていました。加えて、移籍の決め手になったのは、当時僕は、インターネットという技術が持っている夢や可能性への過剰な期待でした。無料で多くの人に記事を読んでもらえるということは、誰にでもニュースを届けられるということです。無料で質

の低いニュースでは、社会に負の影響を与えることしかできませんが、誰でも「良いニュース」にアクセスできる環境が整えば、良い方向に社会を変えていくような取り組みもできるのではないか。そう考えていたわけです。

こうして、僕はバズフィードを舞台にしたニュースの実験にのめり込んでいくことになります。

ここまでの流れを整理すると、こうなります。インターネットや周辺機器の発達で、ニュースの発信者はこれまでの時代以上に伝える手段を獲得しました。しかし、一方でニュースを伝える場としてのインターネットは、歴史的にも集った人材を見てもおよそ未成熟であり、まだまだ伸びしろがあります。インターネットによって、ニュースは「取材して新聞に記事を書いて終わり」から解放され、ウェブサイトを通じて読者の反応を知ることができるようになりました。ツイッターやフェイスブックは現場から見たままの発信を可能にし、同じような問題意識を持った取材先とも簡単につながることができます。

テキストと写真だけでなく、動画を使った発信もできます。どの方法を選ぶかも個人の自由です。自由であるということは、決まりごとがないということですので、前例のない挑戦がとても多くなります。移籍を決断したことは、組織を変えることを諦めて、一からすべて

をスタートさせると決めた瞬間でもありました。大きな組織になればなるほど、伝統的なメソッドがあります。メソッドは必ずしも言葉になっているものばかりではありません。言語化されていない、しかし確実にそこに「ある」共有された意識を「社風」と呼ぶとするならば、それを変えることは容易ではありません。

移籍したばかりのバズフィードのニュース部門は編集長、担当デスク、記者3人の総勢たった5人から始まりました。その後、数は拡大していきましたが、腕利きの記者が32人も揃っている週刊文春にはまったく及びませんし、ましてや新聞社と比べてもしかたない。2000分の1でも、32分の1でもなく、5分の1で、しかもゼロからすべて決めていけるということが僕にとっては何よりも大切だったのです。

初のトップ記事は「震災もの」

2016年1月19日――。バズフィード立ち上げの日、初めてのトップ記事は僕が書いた「福島第一原発ルポ　7千人が働く廃炉作業の現実」に決まりました。廃炉作業の民間調査を進めるチームに同行し、今原発の状況がどうなっているのかをまとめた記事です。ここで僕が考えていたのは「基本は変わらない、しかし、ライターの自由度が増した」ことの効用

です。

インターネットメディアや出版関係者の間では、僕が衝撃を受けてずっと伝えたいと思ってきた「震災もの」は、読まれないというのが当たり前の認識として共有されていました。一方で、記者の間では伝えないといけない問題だという意識も共有されていました。伝えないといけない、でも読まれないをどう解消したらいいのか。これまでも原発内に入ったという記事は、いくらでもあります。断片的ながら最新情報も伝わってきます。批判は多いにせよ、政府や東京電力のホームページにはかなりの情報が公開されています。読みやすいものだとは思いませんが、読めば大抵のことはわかるでしょう。しかし、それで十分だと言えるのでしょうか。

取材に際して、編集部でかなり話し合ったのは「原発ルポは何がニュースなのか」ということです。今回のルポで、僕が「これがニュースだ」と考えたのは、そこに「日常」があることでした。原発事故を起こした福島第一原発で１日７０００人（当時）の作業員が働く日常があること、当たり前すぎてニュースバリューがないと思われている現実こそがニュースなのだという発想です。そこには通勤ラッシュもあり、渋滞もある。息抜きもあれば、挨拶《あいさつ》もあります。人間が行き交っていて、私たちの社会と地続きの空間が存在しています。

作業員のアンケートに目を通すと、昼食場所の不満や、渋滞やバスの移動への不満が率直に綴《つづ》られていてとてもおもしろいものがあります。一方で、被曝《ひばく》や家族に心配されているといった原発で働く人特有の不安も抱えている。原発構内で「お疲れ様です」と挨拶をしてくれた作業員の顔、2号機と3号機の間で防護服に全面マスクをつけて作業していた姿を思い浮かべると、ただ数字が並ぶニュースとはちょっと違った印象を持つことになります。

作業員としては日常となっている現場でありつつ、非日常的な特有の課題を抱える作業風景を描写することで、今の福島第一原発に迫る足がかりができるのではないか。

このニュースの根底にあるのは、当時で言えば5年目＝節目という空気への違和感です。２０２１年3月11日は10年＝節目という空気のなかで迎えることになりましたが、節目を過ぎた年月で決めていいものではないはずです。こうした違和感ごとインターネットに残しておくことが大事だと考えていました。5年目を過ぎたところで、その年の3月12日から翌年3月10日の間も廃炉《はいろ》作業という日常は淡々と続きます。

何かと数字や出来事だけで語られてしまい、人が働き、廃炉作業に取り組む日常があるという現実があまりに伝わっていないこと。それ自体にニュースが宿っているという仮説は、今読み返しても、決して間違っていたとは思えません。感染症対策と放射性物質の付着を防

ぐための対策には防護服の着脱やマスクの着用などと共通する部分が多くあり、「緊急事態」が日常になった２０２０年以降の日本社会を「福島」が先取りしていたことがわかります。

問題は、このニュースを「どう伝えていくか」です。ルポは全体で８０００字以上の分量になりました。新聞なら入らない、と一蹴される分量です。地方版なら無理矢理5回に分けて連載をするといった方法も考えられますが、連載用に構成は大幅を変えないといけません。ＰＣまたはスマホでスクロールしながら読んでほしいと考えている以上、読者を飽きさせないための工夫は必要です。このとき、バズフィードにはバナー広告がなかったので、余計な宣伝物が記事中に表示されることがありませんでした。ニュースの合間、合間に広告や他の記事が出てこないメリットを活かさない手はない。そこで考えたのは、シンプルに記事と写真だけで構成するということでした。

ルポの良さは何より、その場に行かないとわからない現場感覚にあります。読者に自分が見た風景をそのまま伝える。そこで体感したこと、考えたこともそのまま伝える。原発のなかだけでなく、向かうまでの写真も多く使うことにしました。国道6号線を北上するだけの写真ですが、帰還が始まった町と、まだまだ全町避難から戻る目処が立っていない町とでは風景が少しずつ違います。人が避難してしまい、誰も住んでいない町を多くの車が縦断する

様子は、福島に住んでいる、あるいは関心がある人にとっては周知の事実でも、まだまだ大勢の人には伝わっていないのが実状でした。無人の商業施設、がらんとした東電の施設、バリケードがはられた沿線の住宅も含めていろいろな写真を撮り、掲載しました。

少しでもそこに生活していた人がいたこと、町から人が消えるとはどういうことなのかが伝わればいいと思ったのです。つい、原発事故と紐づけて考えがちですが、そこに人が暮らしていたという事実は重たいものがあります。もう一つ伝えたいと思っていたのは、現場の変化です。２０１６年時点で、福島第一原発の入り口付近までは普段着で行くことができました。構内の視察もコースによっては、マスク、手袋、靴カバーだけで終えることもできるのです。

僕は半面マスクを着けて、作業員の人たちと同じように防護服（タイベック）に着替えましたが、タイベックに身を包み、手袋は三重、靴下は二重に着用する写真も、テキストのどこに挟むのかで印象が変わってきます。スマホでスクロールしたとき、どう表示されるのか。PCならどう表示されるのか。新聞と同じように事実関係のチェックや構成のチェックに加え、何度もシミュレーションを重ねました。記者がテキスト部分だけを担当するのではなく、写真の使い方、見出しを入れる場所まで最後まで責任を持つこともインターネットメディア

の特徴です。

大きかったテクノロジーの力

当時の新聞社と違い、バズフィードのコンテンツ管理システム（CMSと呼びます）は徹底的にウェブに最適化され、テクノロジーの力を取り入れていました。見出しとサムネイルの組み合わせを複数試すこともできて、どこで読者がスクロールをやめて離脱したか、読了率も一目でわかるシステムが搭載されていました。

記事を出すと、僕が当初ベストだと考えていた組み合わせより、別のサムネイルのほうが読者の反応が良かったというデータを見ることができます。データを見ながら、なぜここで離脱したのかなと目線を変えて読み直すと、新たな発見もあります。データに対して新聞以上にこだわることができるのがインターネットの良いところですが、データはデータです。僕は「ニュースはデータにこだわりすぎないこと」が大事だとも考えていました。データ上で多く読まれたものが、誠実ではないことも多々あります。

先にも挙げた料理のたとえで言えば、料理というのは記事です。良い素材をしっかり調達してきて、素材がどうすれば引き立つのかを考えたほうが、読者には伝わります。鮮度の良

い魚なら、刺身にするのもいいでしょう。刺身には向かないけど、煮付けや天ぷらで力を発揮する素材もあれば、じっくり熟成させたほうが美味しくなる素材もあります。素材にあった調理法で料理を作って、お皿に盛りつけて、お客に届ける。それが美味しいかどうかは、最後に読む人が決めればいい。その点は、インターネットであっても紙であっても同じことです。なぜなら紙の新聞も料理をのせる「お皿」だからです。

今の社会問題は誰か一人が解決できるものではありません。１００％の善人も、１００％の悪人もいない。誰かを叩くだけ、誰かを悪人に仕立てるだけでは解決しない問題ばかりです。福島の問題にしても、社会で解決策を見つけていかなければなりません。テクノロジーの力を使って、ニュースで新しい価値を生み出すことはできるはずだ。立ち上がったばかりのバズフィードがあった六本木のオフィスビルの一室で、僕は確かな手応えを感じることになるのです。それは、ほんのわずかな時間でしたが……。

ニュー・ジャーナリズムという源流に立ち返る

ここで僕が考えていたことは、ニュー・ジャーナリズムへの、現代からの再接近という言葉でまとめることができます。これは、基本的に今も変わっていないことです。移籍するま

での有休期間中に僕は、沢木耕太郎さんや、「スポーツライター」という仕事を世に知らしめた山際《やまぎわ》淳司《じゅんじ》さん、鋭敏な歴史感覚でシーンを構築した猪瀬《いのせ》直樹《なおき》さん、文学としてのノンフィクションを探究した後藤《ごとう》正治《まさはる》さんといった、自分が憧れ、ルーツとしてきたノンフィクションの書き手たちの作品を一から読み返す時間を設けていました。最大の理由は、文体の問題です。新聞文体から離れながら、現代を描くにはどうしたらいいのか問い続けてきた結果、彼らにもう一度接近するのは必然だったと思います。僕が読む限り、彼らはいずれも、ニュー・ジャーナリズムのムーブメントの渦中《かちゅう》にいて、否応なくその影響から逃れることができなかった書き手たちです。

第2章の「**物語**」でも考察しましたが、もう少し詳しく読み解いていきましょう。ニュー・ジャーナリズムについて、玉木《たまき》明《あきら》さんの『言語としてのニュー・ジャーナリズム』、同じ章でも参照した沢木さんによる「ニュージャーナリズムについて」といった論考を軸にまとめておきましょう。ニュー・ジャーナリズムとは、１９６０年代のアメリカにおいて誕生した、広い意味での文芸運動だと書いてきました。ベトナム戦争の従軍取材で、あるいは黒人解放運動やヒッピームーブメントといった現場で、ニュー・ジャーナリズムの書き手が直面していたのはこうした問題でした。

目の前には激動する社会が存在している。すでに文学はそれを語る責任を自ら放棄してしまっている。さりとて、従来のジャーナリズムではそれを語りえない。が、それは誰かによって語られなければならない。それはいかにしたら語りうるか。

（『言語としてのニュー・ジャーナリズム』）

「いかにしたら」の答えに、ニュー・ジャーナリストたちは、ニュースの世界に「革命」とも呼べるような方法を用意しました。それが、第1章に記したジャーナリズムから小説への接近です。散文の最高の形式として発展してきた小説の技法を、存分にジャーナリズムに還元することで、彼らは現実に起きている出来事を小説的に読める方法を編み出したのです。沢木さんが指摘するように、かつてのジャーナリズムならば、彼らの方法は「まるで見てきたようなことを書く」として批判の対象になったでしょう。

彼らの方法論的な特徴は、自分が見たこと、聞いたこと、取材で得たシーンを必ずしも出典を明記することなく、文章の中に溶け込ませる点にあるからです。ニュー・ジャーナリズムの代表的な書き手であるゲイ・タリーズの名作『汝の父を敬え』や、日本では三冊に分け

て出版された「ニューヨーク」シリーズのパートⅢ『有名と無名』などを読んだとき、僕はその洗練された文章に驚きました。

ゲイ・タリーズ――。１９３２年2月7日生まれ。今でもＮｅｔｆｌｉｘが手がけたドキュメンタリー『覗くモーテル』の主人公になるなど、注目を集める書き手の一人です。父親は18歳のときにイタリアからアメリカに渡ってきた移民で、仕立て屋を生業《なりわい》としていました。イタリア仕込みのすべて手縫いのスーツを作ることができる職人だったようです。そのせいか、タリーズ自身も非常に洒落たスーツを着ています。ジャーナリズムの世界で「この人は本当に洒落ている」と思う人に会うことは滅多にないのですが、タリーズだけは別格です。スーツの着こなしからネクタイのチョイスと結び方まで、一つの手本となるくらい完成しています。文章でも細部にこだわる人は、服装――あるいは趣味の世界――にも同じようなこだわりを見せるのだと思ったものです。

タリーズの転機は大学卒業後、名門ニューヨーク・タイムズにコピーボーイとして採用されたことです。かつてスポーツライターを夢見た青年は、やがて名門紙の見習い記者となり、１９６５年まで同紙で働きます。書いている記事の評判はそれなりに良かったようですが、彼の価値観はニューヨーク・タイムズのそれと決定的に合わなかったのです。特に「ニュー

スとは何か」をめぐる対立は深刻でした。「ニューヨーク」シリーズの一冊、『名もなき人々の街』に集められた掌編《しょうへん》小説のようなエッセイは、いずれもこの時代に書いたのですが、タイムズではボツになったものです。同書に収録された青木冨貴子《あおきふきこ》さんによる解説、と言うよりも本人を取材した素晴らしい「記事」と呼ぶにふさわしい文章があります。そこから抜粋しておきましょう。

> この街は鷹の街なんだよ。ぼくはそんなことを書いてみた。オフビートの風変わりな、つまり、鷹に食われるような人たちのこと、富んだ人をたちを頂点に、急勾配に広がる階段から滑り落ちたような人たち。ぼくはそういう人びとのスケッチを書いたんだ。
>
> ぼくはそういう街の人びとがとても重要なストーリーになると思った。しかし、ニューヨーク・タイムズはそんなストーリーを欲しがらなかった。（中略）新聞というのは、日本でもどこの国の新聞でも同じことだが、その日の事件を報道する。これが新聞にとって大切だというわけだ。新聞は何が〝印刷に値する〟か、決まりきった基準を持っているのさ。

タリーズは新聞に代表される古いジャーナリズムになんの価値もない、と書いているわけ

ではありません。彼の信念は、ニュー・ジャーナリズムは「ひたすら足で稼ぎ事実の正確さにあくまでこだわる『古い（オールド）』ジャーナリズムの基本に裏打ちされてこそ真の力を発揮する」（『有名と無名』）という点にあります。つまり、取材方法やスキルに関しての争いではありません。価値観の違いが決定的に生じるのは、僕なりに言い換えれば、タリーズが〝ニュース〟だと考えたもの、とりわけ僕の分類で言えば**「物語」**を書いて、掲載してくれと持っていった文章をめぐる考えです。

タイムズ側はそれを「印刷に値する」とは考えていなかった。ここに、ニュー・ジャーナリズムが「ニュー」と呼ばれた時代を読み取ることができます。やがて、独立を果たしたタリーズがのめり込んでいったのが長編です。そのなかでも傑作はマフィアであるビル・ボナンノを主人公に一族の興亡を描いた『汝の父を敬え』です。

ニュー・ジャーナリズムを特徴づける一つの方向は、「『全体』への意志と『細部』への執着」（沢木）です。タリーズはボナンノを描きながら、アメリカの伝統とは何か、「今」、何が変貌しようとしているのかをも描こうとしています。一人の人物へと接近しながら、大きな世界をすべて捉えようとしているのです。食事の仕方、酒の飲み方、そしてタリーズならではとも言える服装の細かい描写を積み重ね、全体を描く。この二つががっちりと噛み合い、

『汝の父を敬え』では自分が横にいて見たことや聞いたこと、取材で手に入れたシーンやエピソードのすべてが文章の中に溶け込み、神の視点に立った「三人称」でシーンが動き出していきます。そこで描かれる世界は、つまらない新聞記事のような事実を積み上げたものではなく、雑誌に掲載されるようなエピソードの羅列でもない。しかし、紛《まぎ》れもない「今」でした。彼は、どのメディアよりも現代のアメリカを描き出すことに成功しているように思えるのです。

ところで、トルーマン・カポーティの『冷血』のように、小説からニュー・ジャーナリズムに接近した作品まで出てくると、結局のところ小説と何が違うのかという問いにも直面します。ここも沢木さんの論考から整理しておきましょう。

沢木さんは、小説家であれジャーナリストであれ、シーンを手にいれる方法は三つしかないと書きます。すなわち体験、取材、想像力です。ジャーナリストはこのうち三番目の想像力にのみ制限をかけられ、これを使ってシーンを描くことだけは許されません。つまり「自分の恣《し》意《い》によってシーンを創作し、あるいは変形してはならないという事実に対する倫理観」が小説とジャーナリストを分ける一線である、と。

カポーティの場合、小説の世界から、ニュー・ジャーナリズムの技法を盗むことによって

新しい「小説」を書いたのであって、ジャーナリズムをジャーナリズムたらしめる倫理観は持ち合わせていないということです。これは、そのまま小説とノンフィクションを分ける一線にもなります。かつて沢木さんは、ノンフィクション・ライターという仕事を何よりも「視る人間」であると規定しました。ペンを握る前に、意識的に視ることが重要である、と。「視る」ことの大切さはタリーズも強調しています。

ニュー・ジャーナリズムは、確かにフィクションのように読めるかもしれないが、フィクションではない。それは最高に客観的なルポルタージュと同じくらい事実に即したものであり（あるべきであり、と言うべきか）、にもかかわらず事実の単なる羅列や直接話法の引用の多用や新聞社などの枠にはまったスタイルでは表現しえない大きな真実に迫ろうとする。ニュー・ジャーナリズムでは、取材してモノを書く行為に今まで以上の想像力を持ち込むことが許される（求められる、と言うべきか）。書き手が文章に自分の思い入れを書き込むのもよし（現にそうしている書き手も少なくない）、書き手が一定の距離を置いた観察者に徹するのもよし（私などはこちらに属する）、である。

（「序　ニュー・ジャーナリズムの起源」『名もなき人々の街』所収）

ニュー・ジャーナリズムの手法――。それは高校1年生の僕が、これを読んで「スポーツライターになりたい」と思った作品、山際さんの「江夏の21球」にも存在しています。舞台は1979年11月4日大阪球場、広島カープ対近鉄バファローズの日本シリーズ第7戦です。
この試合で勝ったほうが日本一を掴む一戦。4－3、広島1点リードで迎えた9回裏、リリーフエース・江《え》夏《なつ》豊《ゆたか》がマウンドに上がります。江夏はここを投げ切れば優勝という9回裏に無死満塁という大ピンチを迎えます。ヒットが一本出れば、逆転サヨナラ負け。日本一を目指してきた長いシーズンのすべてがフイになるという場面です。この9回に江夏が投じた「21球」だけに焦点を合わせて書くのがＮｕｍｂｅｒという雑誌であり、山際さんの切り取り方でした。

江夏が、監督が、チームが勝利を目指して行動しているのに、目まぐるしく動くシーンのなかで行き違いが生じる。緊迫した場面でこそあらわれる人間くささに、山際さんはおそらく魅せられています。それなのに、こうした人間くささを湿った調子では描かない。ズームの画と引きの画を組み合わせてシーンを描写することで、彼は取材対象との距離感を保った独特の文体を作り上げることに成功しています。

それは、のちのオリンピックやサッカーワールドカップなどで過剰に展開されていく「感動」の押し売りとはまったく違うドラマの描き方です。

沢木耕太郎が切り開いたもの

日本でもニュー・ジャーナリズムは、方法の冒険という形で芳醇《ほうじゅん》なノンフィクションを生み出してきました。沢木さんがその代表的な担い手の一人です。書き手としての沢木さんを特徴づけるのは、その専門性のなさにあります。彼はある分野のインナーサークルに入ることを頑《かたく》なに拒絶し、アマチュアであり続けることに美学を見出しているのです。

あるときは相場師を描き、あるときは日本ダービーに出走する馬の世話をし、あるときは一人のボクサーと寝食を共にしてきました。一見するとなんの共通点もない題材であっても、すべてにおいて沢木さんが誠実に取材対象を見続けるという一点は共通しています。そのうえで、いかにして書くのかを自らに問い、方法にこだわり、徹底的に細部を描くことを通じて、一つの作品世界が提示されるのです。

日本におけるニュー・ジャーナリズム的手法の一つの到達点は、徹底的な三人称で描かれる『テロルの決算』と、徹底した「私」視点から描かれる『一瞬の夏』にあります。前者の

ストーリーはこうです。時は１９６０年――山口二矢《やまぐちおとや》という17歳の少年が、短刀を持って演説会の壇上に駆け上がり、日本社会党のトップだった浅沼稲次郎《あさぬまいねじろう》を刺殺する。２人の人生が交錯する「その時」を描き出すのです。この作品で採用された三人称はこれまでなら「私」が登場するような場面でも貫かれます。

（……）東京の広尾で外科を開業している梅ヶ枝満明のもとに、ひとりの若い男が訪れた。病気の治療ではなく、話を聞きたいというのだった。何やら厄介な用件のようだったが、尊敬する先輩、中村忠相の紹介というのでは断われなかった。

男は、医院の鈍く輝く金属製の扉を閉めた時、その翌日が十七歳で死んだ山口二矢の、十七回目の命日であることに、初めて気がついた。

（『テロルの決算』）

この二つの場面で登場してくる「男」というのは、筆者である沢木さん自身です。「私」が訪ねた、と書いてもおかしくないのですが、ストイックなまでに「方法」の論理が優先さ

れています。「私」は消し去られ、徹底した方法とディティールの積み重ねによって動き出すストーリーは非常に硬質で、作品としての完成度は高い。ところが、沢木さんには「私」を消していったことへの不満が残っていたようです。

何かどうしても、この手法で書いていくノンフィクションは、ちょっと貧しいんじゃないか、少なくとも俺はやせたものを書いてしまったんじゃないかと思いはじめたのです。

（「可能性としてのノンフィクション」『紙のライオン　路上の視野Ⅰ』所収）

そこで取り組んだ作品が、対極とも言えるような徹底的な一人称で描いた『一瞬の夏』です。この作品は「私＝沢木」がプロボクサーのカシアス内藤のカムバックに深く関わり、見たこと、実際に立ち会ったことをもとに描いたノンフィクションです。沢木さんは第三者的な取材に依拠することなく、自らが体験し、自らが動くことでシーンを獲得する「私ノンフィクション」という新しい方法を提示していきます。

『一瞬の夏』について書かれたエッセイで、沢木さんはフィクションとノンフィクションの差を「薄い皮膜」にたとえています。そして、描くなかで自分が皮膜を突き破ることはしな

かったが、たしかに触れたと書いているのです。この作品は、なるほど「私小説」もしくは、「青春小説」と呼ばれる作品群に近い読後感があります。後年、小説へと作品の主軸を移した沢木さんは、僕のインタビュー（現代ビジネス「沢木耕太郎が70歳を過ぎても『文章の探求』を続けられる理由」）にこう話しています。

『一瞬の夏』はフィクションに触れかかったけど、すべてノンフィクションのルールで書いた作品だよね。これはすごく新しいものを書いたと思う。

フィクションへの誘惑という危うさを漂わせながら、「自分の恣意によってシーンを創作し、あるいは変形してはならないという事実に対する倫理観」を維持することで独特の緊張感が生まれる。沢木さんが繰り広げていた方法の冒険は、この2作をもって一つのピークを迎えたように思えます。どちらも初めて読んだのは大学生のときでしたが、センセーショナルな事件であっても、ボクサーの再起であっても一つの物語として描こうとする「方法」に圧倒されたことを思い出します。

沢木さんは「方法」の作家です。取材対象を「どのように」描くかに執着していきます。

両作とも極めて前衛的な方法で日本語におけるノンフィクションの可能性を切り開いていった作品であると同時に、『テロルの決算』は「文藝春秋」、『一瞬の夏』は朝日新聞の連載小説枠を初出としており、広範な読者を獲得することにも成功していたのです。これにより、日本でもそれとして意識されなくても「ニュー・ジャーナリズム」的な手法は浸透していったように思われます。

繰り返し書いてきたように、ニュー・ジャーナリズムにも功罪は伴います。タリーズは徹底的に「視る」こと、そして取材することによって人の心のなかまで入り込んで書けるのだと考えています。タリーズ自身、晩年の『覗くモーテル』で生じた騒動で、取材先の証言をどこまで信じられるものとして描くかをめぐり、描いたファクトを根本から覆すような事態に直面します。一言で言ってしまえば、彼もまた取材先へのチェックが甘かったという話に尽きるのですが、タリーズ特有の方法へのこだわりと積み上げてきたキャリアへの自信が招いた失敗であるとも言えます。

すでに記したように、出典を明示しない描き方によってシーンの「改変」も「創作」も非常に楽なものになりました。特に関係者の多くが亡くなっているような過去を描くとき、ニュー・ジャーナリズムの技法は限りなく小説に近づくことになります。

「罪」に着目すれば、まだまだ出てきますが、僕にとって大事なのはニュー・ジャーナリズムの原点にあります。タリーズはニューヨーク・タイムズの書き方とニュースの定義に幻滅し、ベトナム戦争に関する著作で知られるデイヴィッド・ハルバースタムは「公式的な記述」、日本語に即して言い換えるのならば当局の発表に基づく記事の書き方や当局の発表を「正しいもの」として捉え、「いかに間違わないか」に腐心する新聞では「今」を描けないと考えていたのです。僕は彼らの現状を良しとしない精神に惹かれました。

変革の精神を根底に持ちながら、「いかにして描くか」という方法を問い続けることによって、ニュー・ジャーナリズムは、従来の新聞とは違う人物や事象の描き方を獲得していきます。小説への接近はその答えの一つだったのです。誰が書いても同じ、署名記事であってもルールに縛られ実質的に「署名」の意味を奪われるような均質的なニュースから、テーマに合わせて「いかに書くか」を問えるものへ、と。

ニュー・ジャーナリズムのパターン化

いまやニュー・ジャーナリズム的な方法は新聞にも広がり、日本の新聞でも政界や経済界の内幕を描いたドキュメント記事などで取り入れられるようになりました。簡単に言えば、

模倣に次ぐ模倣のなかで誰もが使えるメソッドになったということです。しかし、それらの多くは取材の密度に反して非常に短いか、決まり切ったパターンに取材を押し込めるようなものです。かつて斬新だった方法は、広がるとともに鮮度を失い、新聞のルーティーンワークのなかでも取り組めるくらいパターン化されたものになっていきます。

新聞社において、大きな事件や災害はチーム取材で動きます。僕は最前線で取材をすることで、現場がいかに複雑なものかを知っています。しかし、僕の仕事は「メモ」と呼ばれる取材報告をまとめて終わりです。雑誌で言えばデータマンの仕事で、原稿をまとめるアンカーは現場を見ていない先輩記者です。先輩たちがパズルを作り、そこにピースを当てはめる。僕はパズルのピースを材料として取ってくるだけで——まさに「取材」です——、しかも「そこに、僕が取ってきたピースははまらない」と知っていながら、無理矢理押し込められるピースを黙って見ているだけという仕事を繰り返していました。このままいけば、主題に適したボリュームの原稿を書ける機会はやってこない。

僕が新聞記事の味気なさを捨てて、インターネットの世界に行くと決めたとき、そこにあった動機は、かつてのニュー・ジャーナリズムの担い手たちと共通するものがあると思っていました。このとき大いに参考にしていたのは、彼らの「傑作」と呼ばれる長編ではなく、

若い頃に書いていた短編のほうです。徹底した三人称にしても、徹底した一人称にしてもまずは土台が必要になります。彼らは彼らの冒険と実験の繰り返しの先に「方法」を手に入れたのであって、そこには前段階があるはずです。

単なる模倣に陥らないためにも、彼らがまだ何者でもなかった時代の文章、沢木さんで言えば最初期に書いていた「取材対象にぶつかってオタオタしたり、ウロウロしたり、こう思ったり、ああ思ったりしながらの様を一人称で書いていた」（「可能性としてのノンフィクション」）作品群や、タリーズならば古いジャーナリズムから新しいジャーナリズムへの「移行期」に書いていたような、ニューヨークを舞台にしたコラムを特に丁寧に読みました。

僕自身も東日本大震災の現場を再び訪れ、自分の手で娘の遺体を発見することになった遺族の話を聞きながら強い衝撃を受けたり、「被災者」というフレームを壊し、人間を見つめ直したりという取材を繰り返すなかで、新聞以外のニュースの文体とは何かという自分なりの実験を繰り返していくことになります。

インターネットではありえない分量と言われた1万字超の記事を連続して出したことや、震災に関連したいくつかの記事をベースにさらに加筆をして、一冊の本（『リスクと生きる、死者と生きる』）にしたことも実験の一つです。そこでは、「私」がいろいろな現場を訪ね歩

き、時におろおろすることもあれば、時に現地の人の言葉に生きていくための希望を見出すというようなこともありました。聞き書きを試みたり、取材をもとにシーンを再現したりするということにもトライしていました。

インターネットのニュースサイトをベースに本に仕上げ、かつ全国紙の書評欄で軒並み取り上げられたという結果はかなり画期的だと自分では思っていました。インターネットメディアであっても、新聞社並みに取材をして、さらに新聞社にはできないニュースの方法を開拓しようと試み、拙《つたな》いとはいえ一冊の本にまでまとめることができたのですから。

しかし、それは業界の課題を乗り越えることを意味してはいませんでした。

インターネット業界の見えてきた課題

課題とはなんでしょうか。ジョージ・ワシントン大学准教授のマシュー・ハインドマンの労作『デジタルエコノミーの罠　なぜ不平等が生まれ、メディアは衰亡するのか』がそのヒントを与えてくれます。ハインドマンは、インターネットは誰にでも平等で、既存の既得権益とはまったく別の、自由でフラットなメディア空間になるといった類《たぐい》の妄想を極めて実証的かつ理論的に覆していきます。

牧歌的な幻想に囚われた90年代後半からゼロ年代にかけて、マスメディアのいらない世界がやってくるとか、新聞もテレビもなくなるとか、誰もが情報の発信者、誰もがジャーナリストとなる「市民メディア」の時代がやってくるといった言説が跋扈《ばっこ》しました。さて、現実はどうでしょうか。無論、そんなことは起きませんでした。結果的に力を強めているのは、多くの利用者が集まる「巨大なデジタルプラットフォーム」です。

　このような指摘は、アメリカでもある種の理想論者からは批判されているということが『デジタルエコノミーの罠』の第１章に書いてあります。ハインドマンを批判する人々の特徴は、いつかは理想的なインターネット空間がやってくると信じていることです。日本にもまだ多く残っていますが、おそらくこうした希望が実現に至る可能性は低く、仮に実現したところで「いつか」は数十年かかるかもしれないのです。

　こうした評者はみんな、デジタルメディアでは昔ながらの集中の力が一部は機能しないという点では正しい。ウェブでは周波数帯域の希少性はない。デジタル専門メディア企業は印刷機や配達トラックをもつ必要はない。やる気のある市民は、放送免許がなくても動画を共有できる。ラップトップとスターバックスのラテさえあれば、ジャーナリストが１人で独自のデジタル出版を

始めることも可能だ。
　だが新しい小規模サイトにばかり注目していると、部屋の中の象を見逃してしまう。その象とは、利用者たちが時間のほとんどを過ごす巨大デジタルプラットフォームだ。そうしたサイトは、オンライン利潤をほぼすべて独占している。市民ブログの増大をほめそやすときには、なぜその大半が放置されてだれにも読まれることがないのかについても理解すべきだ。

（『デジタルエコノミーの罠』）

　利潤が独占される背景もハインドマンの指摘により明確になります。モデルの詳細は省いて、結果から言えば検索するのにも、インターネットを見て回るのもユーザーはコストをかけているということに尽きます。人々は多くのニュースサイトを詳細に比較検討し、一つひとつの記事の質をきちんと精査したうえでサイトを選ぶほど悠長な1日を送っていません。お気に入りのサイトは大抵、固定化されていきます。ニュースサイトを閲覧する人々は読み込みがほんの少しだけ遅れるだけでも離れていきます。だからこそ、各社は少しでも読み込みを早くできるようなシステムへの投資を怠らないのです。
　ハインドマンはこうした指摘をしていませんが、速度と言えばニュースを出すタイミング

もまた同じです。「ニュースはタイミングがすべてだ」とばかりに、読者の関心がピークのときに、間髪を入れずにニュースを流さなければＰＶ数にして数十万、数百万の違いとなってしまいます。横並びの場合は、速さも大事です。アイドルの記者会見、大物芸能人同士の結婚、世間を賑わせた漫画の結末……。なぜ、こぞって速く配信するのかと言えば、そのほうが読者を獲得できるからです。ちょっとした誤字脱字があったとしても、多少内容が伴わなくとも直している数秒、数分の遅れがＰＶ数の決定的な差になる。質的な差よりも、速度が与える影響のほうが、インターネットでは圧倒的に大きくなります。

> ウェブサイトの利潤が最大化するのは、広範な観衆に対して、山ほどの安っぽいコンテンツを見せる場合だ。大規模サイトの低品質コンテンツは、小規模サイトの高品質コンテンツよりも稼げる。
>
> （同前）

これがインターネットとメディアの現実です。クオリティが低くても更新数が多いサイトと、更新は少ないが質は担保されているサイトならば、前者のほうにより多くの人々が集い

ます。２０１０年代の後半から、著名人がテレビで何とかと発言した、ツイッターを更新してこんな主張したといった類のニュースを多く見かけるようになりましたが、その根幹にある構造はここで指摘されていることです。品質として「良いニュース」だとはまったく思えませんが、サイトの収益を上げるためだけの「ニュース」を生産する点では合理的な帰結です。

政治的な立場に関係なく、ある特定の価値観を全面に打ち出すオピニオン記事も目立つようになりました。その根底にあるのも同じ構造です。毎日同じようなオピニオンを、刺激的な見出しとともに余計な取材をすることなく大量に流せば、同じ意見に同調するインフルエンサーもやってきてＳＮＳのシェアに協力してくれるでしょう。取材がない、もしくは決定的に少ないオピニオンはその場で溜飲《りゅういん》を下げさせてはくれますが、社会の動きを切り取ったものにすらなりません。

「ｖｉｅｗｓ」（論説）、それもお手軽な「ｖｉｅｗｓ」が過剰に溢れ出しているとも言えるのです。どこかで歯止めをかけなければ、量の論理ばかりが優先されていくことになります。

僕は「無料」のニュース空間で、質的な領域で貢献しようと意気込んでいましたが、組織が急拡大していくなか、経営のリアリズムとの間に齟齬《そご》を感じていました。

たとえば東北に行って、丁寧に取材し、巨大デジタルプラットフォーマーへの配信やSNSで話題になったところで、僕の記事のＰＶはすべて合計して、最大でもせいぜい数百万といったところです。ひどいものになると自社のサイトで５万〜10万ＰＶにも届かないというものになるでしょう。同じくらいのＰＶをとるニュースなら電話一本、有識者とされる人へのインタビュー一本、そのテープ起こしのような原稿に感情を刺激する見出しをつければ、いくらでも稼ぐことができます。ＰＶだけを狙おうと思えば、楽をするためにオピニオン化に舵を切ることもできたでしょう。しかし僕はそこに踏み出すこともできず、業界のトレンドから一気に取り残されていきました。目の前に広がっていたのが、どこかで見てきたような光景だったからです。

質の高いコンテンツよりも数で勝負すること、速さで勝負すること。同じパターンで繰り広げられてきたのが、新聞やテレビの速報競争、続報競争です。少しでも速く出すこと、少しでも手数を多く見せること。いくつかのパターンがあって、そこに当てはめていけばいいだけの競争……。新聞よりももう少しばかり、その日のSNSで流行っていることや、インターネットの空気に敏感になり、より簡単な取材をするといったコツはいりますが、競争のパターンそのものは極めて古いものになります。

新聞を飛び出して待っていたのが古い競争だったならば、出ていった意味はほぼなくなります。僕は経済的なリアリズム「も」大切だと思っているので、ある程度の量の競争は許容できます。と言うより、不可欠なものだと思っています。しかし、競争というのはあくまでＰＶを稼ぎ、広告費を増やすための「手段」であって、それ自体が目的となってはいけないと思っていたのです。

インターネットでニュースに携わる人々の多くは、口ではこう言います。「丁寧に取材した記事は、エンタメ系のコンテンツやニュースと比べるとＰＶ数は落ちる。それでも価値があるんだ」。しかし、現実に実践できる人はそう多くありません。

「良いニュース」を目指して丁寧に仕事をすればどうしても記事の数は出せなくなります。同じ職場に本数を出してＰＶを上げる人たちがいて、他方で本数は少なく、ＰＶも少ない人がいれば、不公平感も出てくるのです。インターネットのように数字が可視化されていれば、人間の目的はどうしても数字の増大に向かっていきます。

過去にない方法で「良いニュース」を出していきたいという冒険ではなく、より効率的に数字が取れるほうを優先していくのは当たり前のことです。インターネットメディアの世界では、オピニオンを意識した識者インタビューや、何人かのコメントをつないだ記事、多く

のコストをかけずにできるインターネットに流れる噂やデマの検証といった方法が次々に生まれ、新聞社も含めたニュース業界で大流行するようになりました。

これは古巣やインターネット専門メディア企業を批判しているわけではありません。問題として深刻なのは構造のほうだからです。もう一つのファクトから、それを考えてみましょう。以下、ニューズウィーク日本版「進撃のＹａｈｏｏ！」と題したルポルタージュの取材と発表した原稿をもとにしています。

「ヤフー」という圧倒的存在の前に

２０１８年１月16日夜のことです。東京・麻布十番の居酒屋に日本トップクラスのウェブメディアの編集長たちが一堂に集まる機会がありました。10人足らずではありますが、いずれも自前のサイトで月間１億ＰＶ超、もしくは１億ＰＶに迫ろうというメディアのトップばかりです。業界関係者なら誰もが、一般ユーザーでも聞けば名前を知っている人も少なくないメンバーと言えるでしょう。彼らが集った表向きの名目は新年会を兼ねた懇親会ですが、真の目的は「巨大プラットフォーマー」ヤフーとの団体交渉を模索することにありました。

契機になったのは、会の中核にいた編集長同士のこんな会話でした。

「ヤフーとの付き合い方ってどう考えてる？　いくらなんでも私たちが配信した記事１ＰＶあたり０・０２５円は安すぎると思うんだけど」

「たしかに新聞社は小数点の位置が右に１つずれているところもある。１社だけでなく、みんなでこれでいいのかと言ってみる手はあるでしょうね」

しかし、飲み会の席で意気揚々と語りはしましたが、彼らの目論見《もくろみ》は立ち消えに終わってしまいました。結局、一致団結して価格交渉に臨むことはなかった、と言うよりできませんでした。一体、なぜでしょうか。

ヤフーニュースは１９９６年７月にサービスを開始しました。配信されたニュースのなかで特に注目されるニュースは、トピックス編集を担当する「編集者」たちの合議によって、14・５文字以内の見出しをつけて、トップページのもっとも目立つところに掲載されます。スマートフォンなら６本、アプリやパソコンなら８本のニュースが並ぶ、ヤフートピックスのトップ、通称ヤフトピトップと呼ばれるものができあがります。無料で読めて、その影響力は「新聞１面以上。ＮＨＫのトップニュース並み」（ネット広告関係者）と評されています。

２０２１年現在、ヤフーニュースはだいたい25人前後の「編集者」と呼ばれる人たちが、新聞や通信社、雑誌、テレビも含めた６００以上のメディアから送られてくる１日６０００

本以上のニュースから、ヤフートピックスのトップページに掲載されるニュースを選びます。かつては全国紙やＮＨＫといったマスメディア経験者がニュースをチョイスしていましたが、２０１１年に初めて大学を出たばかりの新卒が配属されるようになりました。「多様性」という名のもと、大した取材経験がない人たちでもＮＨＫトップ、全国紙１面以上と呼ばれるようなニュースを選べる体制になっています。彼らはパソコンの前に座って記事を読んでいるだけで、自分たちで取材するわけではありません。出向や前職で経験があったと言っても、多くの編集者は経験値で言えばせいぜい新聞社の地方支局止まりなのですが、彼らは自社サイトなどで非常に誇らしげに、かつ非常に雄弁に仕事を語ります。

　編集長に限らず、インターネットのニュース業界にいれば、トピ編の編集者たちの本当の「実力」をよく知ることになります。たびたび、「なぜこの記事がトップに？」ということが起こるからです。僕がびっくりしたのは２０１６年５月３日に、日本共産党の志位《しい》和夫《かずお》委員長の短いコメントだけの記事がトップになったことでした。新聞なら多くの政党トップのコメントを羅列することはあります。ですが、新聞の１面にある政党だけをクローズアップしてコメントを大見出しで掲載することはおよそありえない判断です。

　当時、僕はヤフーの「インナーサークル」にいたので、これはどうなんだろうと思って、

背景を調べたことがあります。そこでわかったのは、トップページにあげた「編集者」には、なんら政治的な意図がなかったということです。志位さんのコメントがインターネットで読まれると思った程度の考えしかなかったのです。それもそうでしょう。多少なりとも取材現場を経験している人ならば、この記事のどこにトップに値する「ニュース」があったのか、誰も説明できないと思います。意図があれば、まだ議論はできますが、この程度の認識で極めて政治的なイシューを扱ってしまう。この危うさは、業界のなかでは誰もが知っていることです。

多くのユーザーはトップページを中心に閲覧するため、当然ながらヤフトピに入った記事にはPVが集中します。配信するメディアが目指すのは、自社記事がヤフトピに入り、その記事の末尾に5本入れることができる「関連記事」をクリックさせ、ユーザーを自社サイトに誘導することです。ヤフーを介して、自社サイトに誘導させることができれば、自社単体で取り組むよりもはるかに多くのPVを稼ぎ出すことができます。

ヤフーにとっても、無料でニュースを読める場を提供することで閲覧するユーザーを集め、広告収入を確保することができます。ヤフーは人間の手によって、ニュースを選び出し、見出しをつける「メディア」です。大げさではなく、インターネットメディアの書き手も編集

者も、トピ編の編集者に選ばれるような記事をいかに配信するかに常に気を配っています。

独自の取材記事に定評がある大手インターネットメディアは、月間ＰＶ数の20％～30％をヤフーからの流入で賄っていると言います。彼らとヤフーの交渉が、始まることもなく終わったのはなぜか。０・０２５円ならヤフー内で１億ＰＶをとっても２５０万円にしかなりません。厳密に言えば、そこに「課題解決バリュープログラム」という名の社会貢献費がヤフーから上乗せされることもありますが、それでも安定的な収益とは言えないのです。結局、目当てなのはヤフーからの収益ではなく、流入してくるＰＶにあります。

「もし、価格交渉をしてヤフーの怒りを買ったら、ヤフトピに選ばれなくなるのではないか。そうすると流入が減って、サイトが立ち行かなくなる」

「それならば、多少不満はあったとしても、何も言わないほうが得だ」

彼らの頭の中に浮かんだのは、こうした現実的な計算だったと思われます。参加者の一人は僕の取材に、「囚人のジレンマ」と自《じ》嘲《ちょう》気味に語っていました。みんなで協力して、交渉を成功させれば、それが一番利得があることは明白です。ですが、どこか数社だけで言ったら、言わなかった社だけが得をする可能性が出てきます。全員での集団交渉の次に得なのは、みんな黙って現状維持をすることです。

仮に値上げ交渉をする、あるいはヤフーを正面切って批判する記事を出した後にトップに取り上げられない時期が続いたとしましょう。それはヤフーが「制裁」を科したのではなく、単純にトップにあげるまでもない記事を配信し続けただけかもしれないし、他のメディアがトップに値する記事をより多く配信した時期だったかもしれません。答えはいつまでも「藪の中」です。

ポイントはヤフー自身が何も語らなくとも、むしろ、ニュースの判断について多くを説明しないからこそ、配信先がヤフーの意思を進んで読み解こうとし、それと合致する記事を出そうというインセンティブが働く「構造」にあります。構造を作り上げたのはヤフーですが、構造を維持しているのは結局、ヤフーというプラットフォームへの依存を強めるメディア自身です。多くのメディアは、合理的な判断でヤフーを支えています。多くの利用者が集まる「巨大なデジタルプラットフォーム」は、こうして栄えていくのです。

これも、単にヤフーという会社が悪いわけではありません。ヤフーニュースが発足してからしばらくの間、志の高いオルタナティブ、つまり既存の新聞がニュース価値がないと判断したニュースから別の価値を見つけるという姿勢を持った人たちがいたことは間違いないからです。これは仮定の話になってしまいますが、こうしたオルタナティブを意識する人々が

いなければ、今日のヤフーニュースの隆盛はなかったでしょう。彼らが「ニュースとは何か」と問い続けることが、成長のエンジンになっていたのです。

先にあげたニューズウィークのルポのなかでも書きましたが、業界トップのヤフーも「人材育成」では致命的な失敗をしています。２０１１年、ヤフーで初めて新卒入社した社員がトピックス編集部に配属されました。当時、編集部の中核は30代のメディア経験者ばかりです。現場経験のない新卒社員は数字や世代の流行を捉える力こそあれ、ディスプレイの前だけで「報道マインド」を育てるには限界があったと言います。今は、提携する地方紙とヤフーの間で取材現場を経験させるような人事交流もやってはいますが、ないよりはマシ程度のものでしょう。

人材育成の課題もヤフーと言うより、良く言えば成長期にあるメディア業界全体の課題です。インターネットメディアは編集長と言っても年齢が若く、一から新人を育てるような体制が持てる企業はまだまだ少ない。新聞社は毎年、何十人という新人を採用し、地方支局の現場で一から育てていますが――もちろん、現場のトレーニングにも課題山積ですが――それに比べても育成は大きく遅れています。

これは僕が直面した敗北でもありました。僕は新しいニュースの方法を探るためにインタ

ーネットの世界に飛び込んだにもかかわらず、見えてきたのは新しくもなんともない構造や人材の問題だったのです。そして、組織が拡大していくなかで、僕は最先端の流れから取り残されていきました。業界を変えても、方法の冒険ができないとするならば、選択肢は二つです。構造の問題を変えるために自分の人生を捧げるのか。別の道を探すのか。組織や業界をなかから変えていくというのは正直に言ってコストがかかるわりに大きな成果を残せないまま終わります。同じ労力をかけるのならば、まだまだニュースの世界をおもしろくしたいと思ったのです。

第6章

ニュースと出版文化の相性

独立してフリーランスに

僕は２０１８年４月から、フリーランスのノンフィクションライターを名乗って仕事をすることになりました。独立して真剣に考えるようになったのは、「自分の食い扶持《ぶち》を自分で稼ぐ力」と「一人ではできないことを仲間と組んで実現していくこと」のバランスでした。その際によく言われたのが「やっぱり時代はフリーランスですよね」「もう会社員記者、マスコミなんて古いですよね」というある意味で紋切り型の励ましだったのです。言われるたびに僕は「うーん……」と顔をしかめていました。

当然ながら、一人よりも組織で取り組んだほうが調べられる範囲は広がるし、知見も積み上がります。取材費だって個人が持ち出しでやるよりも、会社のバックアップがあったほうが安心して仕事ができるというものです。いくら新聞が読まれない、部数が落ちているとは言っても、あれだけの数の記者を抱え、継続的に取材ができて、社会的な信頼があり、取材網をインサイダーにまで張り巡らせ、日夜ニュースを追いかけられる媒体は他にはないということを、僕は経験上、十二分に知っていたからです。

問題はあるにせよ、新人に基礎的なトレーニングの場を提供し、10年かけて一人前に育てていく力はマスメディアの他にないのです。インターネットメディアが、こうした人材育成

面で追いつくことができるようになるのはまだまだずっと先の話です。そのくらい大きな組織にいるメリットは計り知れないものがあります。

組織のなかで「仲間と仕事をこなす」というのも立派な選択肢ですが、僕は組織から離れる道を選びました。全力を尽くして最高の成果物を出したはずが、周囲から見るとそうではないということも度々あったのです。一言でまとめてしまえば、いろいろなところにギャップがありました。システムとしては最新のインターネットメディアでも、抱えているのは前章で取り上げたように、「良いニュース」を出しにくくなるような問題ばかりだったのです。

会社を辞めたことで、本や過去の記事を読んだという人たちから、おもしろいオファーがいくつか舞い込んできました。もちろん出版物がかつてほど売れず、どんな業界であっても大盤振る舞いできるわけでもないご時世に、いきなり景気のいい話は転がってはいません。それでも当面、なんとかやっていけるくらいにはなりそうな依頼がきたことは極めて幸運でした。一人で仕事をするということは、自らの意思で、組みたい人とパーティーを組める権利を獲得することでもあります。作品を作るにしても、プロジェクトを立ち上げるにしても、何事も一人だけで完結できません。僕は会社という限定された組織のなかにとどまらず、僕一人ではできないことを実現するために仲間を集め、プロジェクトごとに組み替えるという

働き方を選べます。

あるエッセイのなかで山際淳司さんがこんなことを書いていました。「ターニングポイント、転機を迎えたとき、誰もがそうだと思うが、知らずしらずのうちにテンションが上がっているものだ」と。僕にとってのターニングポイントは、このときだったのです。どんな仲間を選ぶかによって良い時間になるかどうかは決まる。時間を奪っていく相手と一緒にいる必要はなかったのです。そんな相手しかいないときは、勇気を持って意識的にターニングポイントを設定すればいいのです。

「普遍的なニュース」を目指して

僕が現実的な課題とぶつかった２０１０年代は、インターネット、とりわけＳＮＳがつながりや可能性を生み出す一方で、負の影響に直面した時代でもありました。僕が聞き手を務めた哲学者・東《あずま》浩紀《ひろき》さんの『ゲンロン戦記「知の観客」をつくる』という本があります。東さんが創業した出版社「ゲンロン」が、２０２０年に10周年という節目を迎えることを記念し、語り下ろした一冊です。

望めば大学を拠点にすることも、文壇や論壇で地位を築くことも可能だった東さんが、な

ぜ起業をすることになり、そして経営という形で自らの「哲学」を実践することになったのか。組織作りのゴタゴタ、仲間の離反や会社自体を解散しようと思った過去、そして自分自身の弱みに気がつきながらもなぜ経営を続けてきたのか。この本は、少しばかり謎めいた東さんの言動を紐解くものでもありました。

ここに、ニュースの問題とつながる非常に重要な記述があります。『ゲンロン戦記』のキーワードでもあり、後半の主題でもあるインターネットのスケール（大規模化）問題です。ユーチューブにしてもツイッターでも、ヤフーでもいいのですが、彼らが無料で提供しているサービスを支えているのが「スケール」です。無料だから見たい、無料だから読んでくれるという人々を大量に集め、広告費用で稼いでいく……。

ニュースメディアもスケール化の問題と無縁ではいられません。インターネットの世界で勝負しようと思えば、地味に長く読まれ続けるニュースよりも、一瞬でもいいから大量の人の耳目を集め、熱心にシェアされるような記事を追い求めることになります。こうしてニュースはスケールの競争に振り回されていくことになるのです。

僕も経験からよくわかります。短期的にスケールの競争に勝つ方法は明確です。常にニュースに目を配り、第一にタイミング良く、第二により強いスタンスを打ち出し、第三に計算

した見出しをつければいいのです。あとは数を出すことです。野球の打席と同じで、10回打席に立って、２〜３本のヒットを狙い、時にホームランが出ればいいと割り切って仕事をすればいいのです。

ここで言う「強い」というのは、ニュー・ジャーナリズムを目指したライターたちが憧れ、僕が目指しているような時間に耐えうる文章の強さではなく、人々の感情を刺激する強さのことです。１万字のルポルタージュでも、４００字の速報でも、１２００字の記者会見まとめでもフラットに１本とカウントされるネットメディアのなかで何が効率的か。目の前にＰＶ数やＳＮＳでどの程度シェアされたかが表示されれば、人はそちらに引きずられていきます。人々の感情を刺激する「強い」言葉を選び、コミュニティの価値観を強く代弁し、常に正しく、強い言葉を使うことで、ライターもまた自分の価値を高めようとします。

２０１０年代のインターネットメディアで流行した言葉に「エモい」というものがあります。感情が突き動かされる「強さ」を意味する言葉なのですが、その言葉がインターネットのメディア空間を象徴しているように思えます。

政治的な立場を問わず、今は「社会運動」の流れに乗って、彼らを後押しするような記事が歓迎されます。東さんが僕のインタビューで語り、そして『ゲンロン戦記』でも丁寧に記

しているように、多くのケースで２０１０年代の社会運動はメディアに注目されることで、地道さよりも、その場限りの動員や派手さを求めることになっていきました。感情を突き動かす派手さがメディアに歓迎され、より多く取り上げられ、ますます派手なパフォーマンスを深めていきます。記者を含めた広い意味でのライターたちもこうしたパフォーマンスに加担し、さらに運動は派手になっていきます。新型コロナ禍で、その傾向はますます強まっています。あるときから連日のようにハッシュタグが作られ、瞬間的な憂さ晴らしのような書き込みであっても「声を上げている」とみなされるようになりました。

　これも東さんが指摘していますが、ＳＮＳが普及した現代は、言葉への過信が異様なほどに高まっています。正しい言葉と意見表明ばかりが求められ、何を実践しているかより、瞬間的に同じ思いを共有するもの同士が「今、ここ」でつながり、消費される正しい言葉にこそ価値があると思われている。彼らが無条件に前提としているのは、言葉だけで問題を理解し、解決できるという価値観に他なりません。「言葉と現実は常にズレている」にもかかわらず、無邪気な前提で言葉が交わされ、やがて論争は対立する相手への罵倒《ばとう》へと変わっていきます。

　先に消費されるだけのニュースには問題があると書きましたが、ニュースはますます消費

されやすくなっています。そこで失われていくのは記憶と多様性です。声を上げることは大事ですし、それを取り上げることも大事であることは間違いないのですが、インターネットではフローばかりが優先され、大量の情報が常に流され続け、大切な問題ほど早く忘れられていきます。誰もが過去を忘れてしまい、その時々に発せられる言葉だけが大切だと思われるようになるのです。それでは、ニュースは単にその場の感情を満たすものだけに劣化していきます。

ある陣営からのＰＶやシェアを目的にすれば、記事のトーンや内容は恐ろしく画一的なものになります。視野が狭く、取材が浅くても陣営内部の「正論」が書かれていれば需要はあります。あとは手を替え品を替え、毎日のように同じことを書いていればいいのです。こうなると丁寧に取材し、現場を回り、取材を重ねた上でたとえば政権の暗部を暴くようなニュースは損をしていくだけになります。なぜなら、インターネット上ではフラットに消費され、フラットに劣化し、フラットに忘れられていくからです。

僕は、自分が書いた記事が感情を満たすだけで終わることが嫌でした。消費されるだけのニュースは、インターネットの可能性を過小評価し、より良い未来を閉ざしていきます。せっかく取材し、時間をかけて書いたのにあっという間に古びてしまうのはどうにも耐えられ

なかったのです。良いニュースとしての速報は時代の記録としての爪痕を残していきますが、消費されるだけのニュースにはそんな役割すらありません。

ゲイ・タリーズがエスクァイア誌に掲載してきたルポとまでは言いませんが、少なくとも「いかにして伝えるか」を問うことで、「今」と濃密に関わりながら、しかし「今」を超えて、読むに耐えうるだけの良いニュースを出したいと思っていました。インターネットメディアで僕は敗れましたが、ニュースの可能性までは敗れてはいないはずです。そう考え直せるようになったとき、声をかけてくれた雑誌がありました。編集者、編集部が「いかにして伝えるか」という問いを一緒に考え、伴走してくれたのです。

僕は彼らとの仕事を通じて、「良いニュース」との向き合い方を考え、そして確信を深めていくことになります。

「ニューズウィーク」からのオファー

僕にとって特別な雑誌、それがニューズウィーク日本版です。1986年創刊以来、雑誌の表紙にメイン筆者の名前を掲載することは、ほとんどと言っていいくらいなかった雑誌であり、字数も最長で1万字程度、原稿用紙で25枚ほどだったと聞いています。そこに、僕は

これまでトップを飾るレポートを書くたびに表紙に名前をクレジットしてもらい、さらに長いもので60枚ほどの分量のレポートを一挙に掲載してもらったことがありました。

ノンフィクション系の雑誌がたくさんあったかつてのような時代を知っている人からは、「そんなに短いのか」と驚かれるような分量かもしれませんが、時代は変わりました。長く書ける雑誌は次々と姿を消し、雑誌が書き手を育てるという機能は限りなく衰退しています。そんな現実の前に、編集部と編集者、そして書き手が一つの対象をきちんと描き出すという機会はあまりにも少ないのです。

ニュー・ジャーナリズムの書き手たちも、自分たちにとって大切な雑誌を持っていました。ゲイ・タリーズにおけるエスクァイア誌は重要です。彼はここで新聞記者の文体からより自由になり、自身の文体とニュースを構築する足掛かりを得ました。日本では、画期的なスポーツ雑誌として創刊したNumberや、老舗の文藝春秋、もうなくなってしまった月刊PLAYBOYといった雑誌が大きな役割を果たしてきました。僕にとってのニューズウィーク日本版はそうした雑誌と同じように、大きな存在となったのです。

最初の掲載は、「沖縄ラプソディ」というタイトルで世のなかに送り出した原稿用紙40枚ほどのレポートです。編集者からの連絡はこうでした。現代ビジネスに掲載された沖縄県知

事選のルポルタージュを読んだ。他に予定がなければ次はニューズウィークで、２０１９年２月にある沖縄県民投票を取材して書いてもらえないか。快諾した僕と編集者、フォトグラファーの３人で沖縄に飛びます。人物を取材する日以外はフォトグラファーと僕はまったく別行動、どんな文章と写真になるかは最後の最後までわからないという取材になりました。

よく沖縄に精通した論客、政治家は「複雑」という言葉でこの島の現実を表現する。なるほど確かに複雑だ。

一例を挙げよう。前知事の翁長雄志は、かつて自民党沖縄県連の雄として知られた政治家だった。「基地反対派」のドンとも言える大田昌秀知事（当時）を舌鋒鋭く批判した県議会での追及は、今でも語り草になっている。

その翁長が普天間飛行場の辺野古移設反対、「イデオロギーよりアイデンティティー」を訴えて、基地反対派も巻き込み14年の県知事選で圧勝する。翁長は米軍基地そのものに反対はしなかったが、「これ以上の基地負担＝辺野古新基地建設」にはかつてないほどの抵抗を見せた。

ここで問うてみたいのは「複雑」とは何を意味するのか、である。「複雑」という言葉は便利なもので、前述のように翁長の経歴をたどりながら「民意は複雑だ」と言えば、それだけで何か

語った気にはなれる。だが、それだけでしかない。
私が知りたいのは表層的な政争以上のさらに奥にある現実、「複雑」の心底に何があるのかだ——。

（「沖縄ラプソディ」）

沖縄について書いてきたライターはたくさんいます。関心を持っている新聞記者もたくさんいますし、ニューズウィークで書いてみたいという書き手もたくさんいるでしょう。僕は彼らに比べて、沖縄の問題を知っているというわけでもなければ、特段詳しいということもありません。まったく何も知らないので、一から知ろうとするところから始めることになりました。どうせ何を書いても、したり顔で「あれが足りない、ここを取材していない」と語る「通」な人々が出てくることも目に見えている。だとするならば、と考えました。

僕は「観光客」でいいのだ、と。東さんの哲学に連なる言葉を使えば「観光客」というのは、「村人＝当事者」でもなければ、どこにもコミュニティをもたない「旅人」でもない人々です。「観光客」はあるコミュニティ（僕の場合は、東京在住のライターになります）に属しながら、ふらりと別のコミュニティにやってきて、当事者の声を聞きつつ、当事者だけで

はわからない価値を発見して、当事者にならずに帰っていくことができるのです。

ライターとして、メディア上で定型化された沖縄語りから遠く離れて、便利な言葉でまとめるだけではないものを書けないか。そこで、僕が取り組んでみたのが「自由で多層で、異なる声が同時に聞こえる」、一つの曲の中にいろいろなパートが入っているロックバンドQueenの名曲「ボヘミアン・ラプソディ」のようなルポルタージュでした。

米軍基地問題について賛成する人しか出てこない、反対する人しか出てこないのではなく、賛成する人々とも、反対する人々とも食事をともにし、ときに酒を酌《く》み交わし、一人ひとりを取材のパーツではなく「人間」として描く。僕はルポの最後にこんなことを書いています。

> メディアは何かにつけて大きな主語で語ることを好む。「沖縄の人は」「本土の人は」「賛成派／反対派は〜」。そうカテゴライズして語る必要性は否定しない。物事を伝えるために簡略化が必要な場面は確かに存在するからだ。
>
> だが、そうした描き方ではこぼれ落ちるものがある。賛否を超えて語りあうことができる「未来」がそれだ。
>
> 冒頭、表層的な政争のさらに奥にある現実、「複雑」の心底に何があるのかを知りたいと書い

た。見えてきたのは、複雑の奥にあるシンプルな本質だ。沖縄の問題は「米軍基地が多すぎる、経済が弱すぎる」ということに尽きるのだ。

　県民投票に賭ける呉屋と、県民投票に距離を置くＫＩ―ＹＯはまったく立場が異なるように見えて、実は現実を受け止めて「未来の沖縄のために経済を強くしたい」という思いは共通している。ある場所から一つの物差しで測れば「分断」しているように見える問題も、角度を変えて別の物差しで測れば地続きになっている。

　沖縄に限った話ではないが、今回の県民投票のように歴史に記録されるような大きな出来事を取材しているとき、「どのような立場で取材をしているのか？」「当事者に寄り添ってほしい」という声を聞く。

　問いに対する私の答えは、「自分は歴史の当事者」として考えているというものだ。同時代を生きて、歴史の記録をされる出来事をどう考えたのか。歴史の当事者として。起こった出来事と自分自身の接点を見つける。単純な興味、軽薄な関心、偶然であっても、接点を持ったとき人はそこから考えることができる。

（同前）

呉屋というのは、沖縄の大物財界人、金秀《かねひで》グループの会長・呉屋《ごや》守將《もりまさ》さんのことで、ＫＩ

—YOは基地の街として知られる沖縄市コザで生まれ育ち、街づくりに取り組む40歳（取材時）のDJです。描き方次第では、まったく交わることがなかった人々の姿が、雑誌に掲載された一本のルポルタージュのなかで交差する。そして、ニュースの三分類で言えば一つの**「物語」**を描き、読み手に思考を促す言葉を発するのです。

部数も及第点以上に出て、朝日新聞一面の名物コーナー「折々のことば」でも、哲学者の鷲《わし》田《だ》清一《きよかず》さんがルポに登場する人物の言葉を取り上げてくれました。

> 関係はどこでも多層的。彼は容認派の人とも直に話せた。そこには、分断に終止符を打ち沖縄の未来をこそ考えたいとの共通の思いがあった。
> （朝日新聞2019年3月28日付朝刊）

まさに僕が「ニュース」だと感じた部分を鷲田さんは掬《すく》い取ってくれました。加えて嬉しかったのは、週刊誌なら1週間で次の号が発売され、ともすれば誰も触れずに終わってしまうにもかかわらず、発売から1ヵ月以上すぎても、取り上げる価値があると思われたことです。すぐには古びないレポートを書きたい、と思っていましたが、その最初のハードルは越えられました。

今の時代にとりわけ問題視されている政治的分極化は、世界中のインターネットも含めたメディアにその責任の一端があります。僕は「分断」や「分極化」という流れに抗《あらが》いたいとも考えてきました。

ある程度、物事を知っているからこそ、人は極端なオピニオンに流れていく可能性があり、ＳＮＳでより考えを強固にしていく。知識量を増やせば問題が解決するという単純なものではありません。「分断」の問題は「対立陣営を言い負かすコミュニケーション」にばかり時間を割いてしまい、問題解決に向けた議論が進まないことにあります。それを乗り越えるためには、現場を知ること、そして描くことからすべてが始まるのです。

『ルポ 百田《ひゃくた》尚樹《なおき》現象』の挑戦

僕が考える「良いニュース」はインターネットメディアでは十分に達成はできませんでしたが、雑誌ではいくつものチャレンジを受け止めてもらいました。今の雑誌がいいのは、雑誌に掲載した原稿のダイジェストや抜粋、いざとなれば全文もインターネットを使って流せることです。ニューズウィーク日本版で初めて「編集者が選ぶ雑誌ジャーナリズム賞２０２０年作品賞」を受賞した、「百田尚樹現象」（後に大幅に加筆して『ルポ　百田尚樹現象　愛国ポ

ピュリズムの現在地』として一冊の本になりました）もチャレンジの成果です。

「次に何か書いてみたいものはありますか？」

２０１９年2月、始まりは「沖縄ラプソディ」を校了した夜でした。打ち上げを兼ねた食事の席で、編集長の長岡義博《ながおかよしひろ》さんからこんなことを聞かれたのです。思い出したのはニューズウィークで特集していた「ケント・ギルバート現象」（筆者はルポライターの安田峰俊《やすだみねとし》さん）でした。アメリカからやってきた売れっ子タレントが、なぜ右派の星になったのかを丹念に追いかけていたルポルタージュです。もし自分が取材し、書くのならばどう書くだろうか、もっと違った書き方になるのではないか、と考えながら読んでいました。

「百田尚樹……。百田尚樹現象をやってみたいです。彼の本が売れる時代の現象を描いてみたい」

「おっそれはいいですね。できますか？」

「やってみたいです」

長岡さんも同じテーマをやりたいと思っていたようで、ライターの選定も進めていたといいます。その中でフリーランスとしては駆け出しで、大した実績がない僕が書くことになったのは、その場に居合わせてやってみたいと言ったことだけでした。

僕が「百田尚樹現象」で試みたのは、アメリカで言えばフェミニズム社会学者、A・R・ホックシールドのフィールドワーク記録『壁の向こうの住人たち アメリカ右派を覆《おお》う怒りと嘆き』という本に近いものです。彼女は明らかにリベラル派知識人でありながら、「壁」を越えて、トランプ政権誕生を支えることになる右派の人々の心情を理解しようと声を聞き、研究を重ねていきます。この本の言葉を借りれば、「心情」にこそニュースが宿っているのです。

取材時に大きな問題になっていたベストセラー『日本国紀』など百田さんは現代日本における「歴史修正主義」もしくは「右派的歴史観」の旗手にして、安倍晋三長期政権（２０１２年～２０２０年）を側面から支えてきた流行作家と見る人もいます。かたや右派にとっては最大の味方であり、インフルエンサーです。『日本国紀』は、事実誤認や参考文献がないという批判ばかりか、ウィキペディアからの引き写しのような記述や、他文献からの盗用を指摘する声もありました。増刷のたびに修正を繰り返す「問題の書」でもありました。

僕は彼を支えてきた人々を取材することで、一つの大きな問いに対する答えを明らかにしようと目論んでいました。彼には、誰も否定することができない厳然たる事実があります。ベストセラーを連発し、社会現象を巻き起こし、一つの時代を築いた当事者でもあることで

す。彼はSNSで声をあげることがない人々からも出版マーケットで人気を獲得し、彼らの思いを汲み取ることで地位を確立してきました。なぜ、支持を得ることができたのか。その土壌はどこにあるのか。

取材を始めたときから、内々に大きな批判がやってきました。僕が取材していることをどこかで聞いた、ある著名なジャーナリストからは「あんな人物をメディアとして取り上げるべきではない。相手を利するだけだ。絶対に書いたものは読まない」と言われ、ある編集者からは「そんな取材はキャリアを傷つけるだけだからやめたほうがいい」と本気で忠告をされました。端的に言えば、「彼らの声を広げる手助けになるだけだから、無視すべきだ」というものです。

僕の反論はこうです。社会現象が起きているという事実を完全に無視していいとするならば、それは社会にいる少なくない人々を無視することと同義です。僕は、ここに日本における「分断」やSNSの問題点が集約されていると考えていました。大きな問題を描かずに、陣営に利するかそうでないかなどと影響力のあるニュースの発信者たちが考えているのは、視野が狭すぎますし、良いニュースを生み出す態度ではありません。

ここでもう一度、ホックシールドに戻ります。彼女が描き出す「心情」を読んでいくと、

右派の心の動きも、最終的な意見は違うにしても、ある部分においては理解できないものではないことがわかります。彼らもまた人間なのです。彼女の文章は、アカデミズムというよりもアメリカのノンフィクションのそれと極めて近く、一読して何をやろうとしているのかがよく理解できました。

彼女が指摘するのは「左派でも右派でも、『感情のルール』が働いている」という事実です。そして、自分とは違う右派にとって「真実と感じられる物語」＝ディープストーリーを徹底的な質的調査――これは取材と言い換えたいくらいです――から明らかにしていきます。彼女の言葉に習うならば、僕が試みたのも彼らのディープストーリーです。ホックシールドはなかなか興味深いことを書いていました。

> わたしたちは、川の〝向こう側〟の人に共感すれば明快な分析ができなくなると思い込んでいるが、それは誤りだ。ほんとうは、橋の向こう側に立ってこそ、真に重要な分析に取りかかれるのだ。（中略）米国が二極化し、わたしたちが単におたがいを知らないだけだという実態が進んでいけば、嫌悪や軽蔑といった感情がやすやすと受け入れられるようになってしまうだろう。
>
> （『壁の向こうの住人たち　アメリカの右派を覆う怒りと嘆き』）

川を渡って動き、現代日本の「空気」を象徴するような人物とその周辺を掘り下げることで、何十年後かの人たちに２０２０年前後の記録を残す。取材では「注意深く執念深く耳を傾け、相手の人格や個性が透けて見えるような情景を描き切る」（ゲイ・タリーズ『有名と無名』）ことに執着しました。

一つの社会現象として捉えて、「あなたたち」の目から見てどんな光景が見えているのか教えてほしい。相手から警戒されることが多かった取材ですが、警戒心を察知するたびに僕はそう繰り返し語ってきました。インターネットや印刷物を読むだけで出来上がる取材は簡単にできます。『日本国紀』について取材をすべて断っていた幻冬舎社長の見城《けんじょう》徹《とおる》さんが応じてくれた理由は僕にはわかりませんが、彼に宛てた取材依頼の手紙の根底にあるのも同じ思いです。僕の「知りたい」という一点だけはぶれることがなかったのです。

こうして書き上がったのは60枚ほどのレポートでした。前後2週に分けるという案もあったのですが、僕は全文掲載を希望しました。読者も一挙に読みたがるだろうし、こうした角度からの仕事は他になかったからです。先にも書いたように、メディアでも陣営化が進み、「敵を取材するやつは敵」という論理がはびこっています。「もっと厳しく批判的に書かない

とダメだ。こんな書き方はおかしい」という批判がジャーナリズムの世界にいる人々からもやってきましたが、僕は僕で直截《ちょくせつ》的な言葉の強さではなく、歴史認識ならば歴史学の、SNSの特性にはデータに基づきより本質的な批判を試みています。「強い言葉」で批判してほしい、というのは「もっと溜飲を下げる書き方をしてほしい」と言いたいだけにすぎません。

僕は仲間内にしか届かない方法よりも、もっと広い社会に届ける方法を選びました。結果はまず部数にあらわれました。都内の大型書店では発売からすぐに完売したという声が相次ぎ、「何軒もまわったのに手に入らない」という声も届きました。評価もついてきました。

本人や幻冬舎社長・見城徹などの関係者へのインタビューを含め、徹底した取材によってその実像と現象の正体を明示しようとする。

ポイントは「ごく普通」であること。（中略）百田が体現しているのは、「面白さ」とともに「反権威主義」である。この大衆的情念へのアプローチこそ、百田が「売れる」ポイントである。

（東京新聞2019年6月25日付、中島《なかじま》岳《たけ》志《し》「論壇時評」）

産経新聞から東京新聞まで、政治的な主張がまったく異なる新聞と執筆者から立て続けに取り上げられることになったのです。これは僕には大きな驚きでした。古いジャーナリズムの陥った隘路に、新しい時代のメディアとなるはずだったインターネットも迷い込もうとしています。うけるのは「わかりやすい話」ばかりです。そんな中で、政治的なスタンスを超えて、論評の対象になるようなレポートを書くこと。マーケット的にも話題性も、そして質的な評価も獲得したことで、僕は一つの賭けに勝ったと思いました。

良いニュースは、反権力か否か、自分たちにとって「友」なのか「敵」かの分断を自由に乗り越えていける。そのことに、あらためて気がついたのです。

僕が受賞した作品賞の過去の受賞者は、ノンフィクションのなかでも大きな賞を受賞している方々ばかりです。そのなかには、読売新聞出身で日本ノンフィクション史に残る名作『誘拐』『不当逮捕』で知られる本田《ほんだ》靖春《やすはる》さんの名前もあります。新聞記者からマガジンライター、さらにブックライターへと飛躍していく本田さんが独立したのは30代後半です。当時で言えば、かなり遅いほうです。本田さんを好きだと公言するライターは今でも多いのですが、本田さんのような、足を使って取材をしているライターは極端に少ない。そんな賞の歴史に名を連ねることができて、嬉しくないわけがないのです。

僕が雑誌というフィールドで取り組んでいるのは、古今東西、世界中のライターがやってきたように、知ろうとするために無駄を重ねるということに尽きます。新聞記者時代で培《つちか》った基礎を軸にして、取材対象に合わせて方法を変えていくだけです。たった一言を聞くために外で何時間も待ったり、絶対に取材を受けないと言っていた人物に向けて手紙を書いたり、「やっぱり取材は遠慮したい」という相手を繰り返し何度も説得したり……。こうした事実を集めるための無駄な時間が、力になっていきます。

驚きは常に現場と人間にありました。言葉で伝えられてきたもの、言葉で構築されたイメージからいつもズレていく。現場を知れば知るほど、人間を知れば知るほど、現実の社会に、単純な解答はないことを知るのです。現場に行く、資料を読む、考える、そして人に会い、取材対象の話を正面から聞き、すべてを終えてから書く。書きながら、読み、また会う——。ニュースの世界はそのどれかが欠けても書くことはできません。観察せず、人と会わず、話を聞かず、現場で考えないようでは、この仕事は何も成立しないのです。

ゲイ・タリーズは１９８０年代後半に、自分の主張ばかりで意見を述べたがるライターを「取材は書き手の頭の中で行われる」と表現し、「今の時代、足で稼ぐのは高くつきすぎる。そして書き手は家にこもる」（『有名と無名』）と書いていました。その傾向は、インターネッ

トの登場とともに加速していったのです。

価値を生み出すもので、勝てるベストチームを探す

雑誌はインターネットの登場とともに大きな打撃を受け続けているメディアです。出版科学研究所によれば、１９９５年が雑誌市場のピークとなっています。出版市場は２０２０年に紙、電子版を合わせて前年比４・８％増の１兆６１６８億円と2年連続で前年を上回りましたが、牽引したのは漫画です。一方で紙の雑誌は前年比10％以上減で３７００億円となっています（東京新聞２０２１年5月18日付）。

僕がインターネットメディアで感じていたのは、雑誌はインターネットとの相性がある意味では良すぎるということです。多くの記事はインターネットに置き換え可能であり、写真もまた同じです。そうなると、勝負するために必要なのはインターネット単体ではできないもの、ということになります。その解答はいくつもあっていいのです。他には絶対に載っていないスクープだという人もいるでしょうし、他では読めない小説や特集だという人もいるでしょう。僕のように、インターネット専門メディアでも簡単に掲載できない長さと密度、独自の角度を持ったレポートだという人もいるでしょう。

一つ確かなことは、他ではできないことにしか価値はないということです。

僕はマネジメント側に回ったことはないので、一ライターとしての視点で書いていますが、いろいろと経験して感じる出版文化の強さは、ミニマムなチーム編成が可能なことです。新聞社のように管理職も含めて10人以上の取材班であっても、いざ紙面となれば、方々から「物言い」がついて記事が丸くなることがあります。よく言えば慎重、悪く言えばリスクを取れないニュースが量産されていくのです。

その点、出版の世界を知る編集者は「一つでも他とは違う、飛び抜けた個性」を大切にしてくれます。それがインターネットメディアや、新聞との決定的な違いです。新聞はマスメディアとしてニュースを網羅《もうら》しなければなりません。印刷しなければいけないニュースは世界中から飛び込んできます。かたや出版は最初から網羅することを諦めています。週に一回、月に一回の紙面を印刷するなかで、「その日、その瞬間」ではないもっと深いニュースを許容できるのです。そして、書き手と編集者を軸にした小さなチームで意思疎通をはかり、そして世の中に送り出していくというプロセスが辿れます。

最初から大掛かりなチーム編成ではないことで意思疎通も楽です。その点はインターネットメディアとも変わらないのですが、出版業界の文化は、より個人として「書き手の意向」

を最大限に尊重してくれます。僕は取材から一人でこなしていくので、現場をじっくり観察してみたら実際には思っていたものと違っていたとか、人と話してみたら予想外におもしろかったという話も取材対象を描写するうえで不可欠だと思ったら、ルポルタージュのなかに混ぜ込みます。それは他のメディアならば、不要と扱われてしまうシーンかもしれませんが、狙いがあれば許容されます。

２０１０年代前半のインターネット業界でよく言われていたのが「ライターになりたいという人はいくらでもいる。でも、編集者になりたいという人は少ない。インターネットメディアにはもっと良い編集者が必要だ」というものでした。ここで言う編集者の役割は、書き手の成長を促し、それによりメディアも成長させていくという出版文化のそれではありません。入れ替え可能なライターの記事を適当に整え、取材にも帯同せず、見出しをつけていくという役割です。こう嘯《うそぶ》く人たちに限って、当たった原稿をあたかも自分の手柄のように語る姿を何度も見てきました。

僕は「いくらでもいる」という言葉を聞くたびに違和感がありました。たしかにライターを名乗る人も、編集者を名乗る人も増えました。肩書きだけをみれば、です。しかし、本当に書ける人や書き続ける人、そしてメディアを成長させていこうという志を持った編集者は、

いつの時代もそんなに多くはないはずです。

いくらでもいる、と言っているうちに水準を保てなくなり、つまらないニュースが積み上がっていくというのでは、いかにも「古い時代」の焼き直しでしかありません。書き手を育てる、という発想は残念ながらまだまだインターネットでは希薄です。前章で触れた人材育成の困難ともつながってきます。インターネットというメディアは間違いなく今後も発展していくでしょう。しかし、そこで雑誌が培ってきた文化までも捨て去る必要はありません。出版文化は、読者を作り、書き手を育てていくという歴史を積み上げてきたはずです。

僕は出版文化の恩恵をかろうじて受けられる世代で良かったと思っています。新聞ならば絶対に掲載されない、いくら字数の制約がないインターネットでも、「長すぎる」とはねられるような60枚のレポートも印刷して世の中に送り出すことができたからです。印刷だけでなく、インターネットも組み合わせて発信していくことだってできますし、ライターはレポートに書いたことをテレビやラジオ、インターネットで話すことだってできます。組み合わせていくことで、ニュースはまだまだ拡張できます。ライターと編集者の野心が重なれば、まったく新しい強さを持って、そして「良い」とされるニュースを生み出すことは今だって可能なのです。

こうした仕事を積み重ねるたびに、その時々で考えてきたことが、僕のなかでは確信に変わっていきました。ニュー・ジャーナリズムの書き手たちの時代も、問題の一部はずっと同じだったのです。目の前で起きている出来事を、余すことなく書きたい。でも、方法は限られている。他には絶対にない何かを書くために、自分たちは何ができるのかを彼らも考えてきたし、伴走する人々と、読者を必要としていたということです。悲観して、職業の歴史と意義を否定する必要はありません。ニュースの世界に生きる人々が、追いかけるものはいつの時代も変わらないのです。

第7章

「良いニュース」を創るために

ジャーナリストは育成できるか

１８８７年、ヴィクトリア朝のロンドンで歴史に名を残す事業が始まりました。それが、ジャーナリズム学校の設立です。詳しくは同志社大学教授の河崎吉紀さんの労作『ジャーナリストの誕生』に書いてあるので、興味がある方はぜひ読んでいただきたいと思います。当時のロンドンは教育の効果もあり、読み書きができる人の数が飛躍的に増えていました。そこで大量発行時代を迎えたのが、時の最先端メディアだった新聞です。産業革命で近代都市化が進み、テクノロジーが飛躍的に進歩します。人々は電報を打ち、馬車が闊歩《かっぽ》していたロンドンの街では、見知らぬ者同士がすれ違い、富裕層から貧困層まで格差もありました。そんな都市化が進むなかで新たに出来上がっていく社会をつないだメディア、それが新聞だったのです。

特に安価で買える「デイリー・テレグラフ」の創刊（１８５５年）は、「大衆紙」時代の幕開けを告げる画期的な出来事として記録されています。そして１８８７年、同紙で政治記者として健筆を振るっていたデイビッド・アンダーソンがロンドンジャーナリズム学校を設立するのです。12ヵ月コースの授業料は当時としては高額な１００ギニー＝１０５ポンドで、「学生に記事を書かせ添削するほかは、英国史や憲法、国際法、政治経済といった一般教養

を教えるだけ」（前掲書）だったと言います。

アンダーソンは体系に基づき特に何かを教えると言うよりは、自由放任で学生が持ってきた記事を添削するというスタイルだったらしく、当然ながら生徒たちからの評判は良くなかったそうです。結果として、ジャーナリズム学校は一年で終わり、アンダーソンはテレグラフ紙に戻ることになりますが、ジャーナリスト――僕はニュースの発信者、と言いたいところですが――とは何者なのか。育成は可能なのかという現代にもつながる問いを生み出す出来事になりました。

河崎さんの本を読むと、イギリスの歴史をたどっても、最初はジャーナリストに必要なのは「教養」という考えが支配的で、ロンドン大学でジャーナリズムコースが開設されたときも一般教養が教えられていたそうです。ところが学生側はこれに不満を持ち、もっと実践的なことを教えてくれと要望していたと言います。イギリスで戦後に始まった、業界全体で職場経験を積む実践的なトレーニング（ＯＪＴ）を統一化した動きも考えるヒントになります。

この本で僕の経験から振り返ったように、日本における記者教育は、基本的にＯＪＴしかありません。雑誌やインターネットのライター、編集者、テレビの制作現場もＯＪＴという意味では同じです。しばらくは、新興メディアが新聞社のように東京や大阪といった都市圏

以外の論理を実地で学べ、記事を書く機会が用意され、かつ他社との競争があるような恵まれたモデルを作り出すことは難しいでしょう。

マスメディア業界の記者に限って言えば、キャリアの入り口よりも3年、5年、10年といった節目でもう一度「ニュース」について学び直せるようなコースを業界と大学が共同で作るというやり方はあるかなとは思いますが……。それは、ジャーナリズム教育に関心がある人たちに任せておいて、議論を先に進めましょう。

> だれもが身の回りのできごとを伝え合う時代、「広く知らせる」、すなわち報道で生計を立てる力は競争にさらされることになる。ジャーナリストとしての能力は、その競争において鍛えられるのか、それとも学歴や専攻によって担保されるのか。そして、その費用はだれが支払うのだろう。親、学生、企業、労働組合、あるいは税金を通してジャーナリスト養成のコストは国民が負担するのかもしれない。だが、ここで立ち止まり、もう一度考えてみよう。そもそも、ジャーナリストに特別な教育、訓練は必要なのだろうか。
>
> （『ジャーナリストの誕生』）

能力を鍛えるという意味ならば、アウトプットを競争のなかで磨くというのが一番です。

僕の考えは従来から繰り広げられてきた速報の競争、インターネットで導入されたスケールの競争以外に、「良いニュース」を追求する競争を取り入れることでニュースの未来は切り開かれる、というものです。参入者は誰でも構いません。

五大要素と三大基本型をおさらいする

「良いニュース」の競争を加速させるために何が必要なのでしょうか。ここまで僕は自分のキャリアと現実を踏まえて、「インターネット時代の良いニュースとは、事実に基づき、社会的なイシュー（論点、争点）について、読んだ人に新しい気づきを与え、かつ読まれるものである」と定義し、良いニュースを成立させている五大要素を抽出しました。おさらいとして第３章で示した五つの要素を再び掲げます。

要素①　良いニュースには**「謎」**がある。
要素②　良いニュースには**「驚き」**がある。
要素③　良いニュースには**「批評」**がある。
要素④　良いニュースには**「個性」**がある。

要素⑤　良いニュースには**「思考」**がある。

新聞、インターネット、そして出版などさまざまなメディアで通用する基本もここに集約されています。僕にとって、今名乗っている「ライター」という仕事もニュースに関わる仕事です。現実の社会で起きている出来事を取材し、書いていく仕事だからです。僕は「ニュース」という言葉には、**「速報」「分析」「物語」**という三つのカテゴリーがあり、「物語」の中にはノンフィクションと分類されてきたような作品も入ってくるという見方でここまでの議論を進めてきました。「良いニュース」について、最大のヒントになったのはニュー・ジャーナリズムの書き手たちが繰り広げてきた、方法と文体の冒険だったこともこれまでに書いてきた通りです。

ゲイ・タリーズの「シナトラ風邪をひく」（『有名と無名』所収）で言えば、すでにタイトルからして**「謎」**があります。超有名人のフランク・シナトラと、一般的な病気である風邪を組み合わせることで、読者はプロモーション用のインタビュー記事とは違う雰囲気を察知するのです。

この作品で、タリーズはシナトラからインタビューを拒否されています。それも一度は受

けるという話になって約束の時間まで決まっていたのに、直前になりキャンセルされたのです。理由の一つは風邪をひいているから、なのですが、タリーズは「風邪」をひいたことで神経質になってしまうシナトラという人間に興味を持っていくのです。そこで彼が取った方法は、遠くからシナトラを観察し、さらに周囲に話を聞いて回ることで人物を描くことでした。方法そのものに**「驚き」**があります。

「片手にバーボングラス、片手に紙巻きたばこ」で暗いバーに立っているシナトラを描写する冒頭の一文から、大スターの深い孤独を感じさせます。独自の**「人物批評」**が冒頭から始まるのです。レコーディングの様子を取材するタリーズの筆致は実に冴えています。思うように声が出ず、録音された自分の歌を聞き「忘れるんだ。こいつは風邪ひきの歌だ」とすべてボツにしろと要求するシナトラ……。飲んでいる酒の種類から、何気ない一言までを描写することで人物が浮かび上がるのです。

シーンからシーンへと連続していく方法はタリーズの**「個性」**そのもので、すべてを読み終え、スポットライトを浴び続けたシナトラとは何者かという**「思考」**へと誘ってくれるのです。タリーズというライターが動き出し、人に会い、話を聞き、観察することで、単調な通りいっぺんのインタビュー以上に「フランク・シナトラ」という人間を理解できるのです。

最近の作品で言えば、ピュリッツァー賞受賞作『その名を暴け　＃ＭｅＴｏｏに火をつけたジャーナリストたちの闘い』も「良いニュース」です。この本の大きなストーリーは、ニューヨーク・タイムズに所属するジョディ・カンター、ミーガン・トゥーイーという２人の記者が、有名な映画プロデューサーで、ハリウッドで絶大な権力を持っていた――さらに言えば民主党政権を支持するリベラル派でもあった――ハーヴェイ・ワインスタインの性暴力疑惑を丁寧な取材で暴いていくことです。

ワインスタインの**「謎」**、暴かれた事実の**「驚き」**、ハリウッドの構造に対する**「批評」**、２人のライターの**「個性」**、世界中がこの問題を放置していていいのかと**「思考」**を始める――。

よく知られているように、彼女たちが掴んだ事実は、やがて一本のスクープに結実します。「ハーヴェイ・ワインスタインは何十年ものあいだ　性的嫌がらせの告発者に口止め料を払っていた」。公開された記事は、世界的なムーブメントとなった「＃ＭｅＴｏｏ」に火をつける嚆矢《こうし》となり、ワインスタインは失墜《しっつい》。そこだけを強調すればいかにも「社会を変えた「華々しいスクープ」に見えてしまいます。

しかし、彼女たちもスクープを世に出すまでの時間は無駄で地味な取材ばかり積み重ねて

います。糸口を掴めず、協力的な証言者も見つからず、重要な証言を裏づけるだけの確証も得られない。そして、ワインスタインはあらゆる手段を使ってスクープが世に出るのを止めようとする。それでも２人は取材をやめないのです。

特に印象的なのは、ワインスタインの元アシスタントを探し出すシーンです。元アシスタントがたとえばフェイスブックをやっていれば話が早いのですが、インターネット上になんの手がかりもありません。ミーガンはようやく彼女の母親が住む家を割り出し、インターホンを鳴らす。運が良いことに、そこにいたのは、母親ではなく元アシスタント本人でした。彼女はワインスタイン側と労働紛争に関する合意書があるとだけ告げます。ミーガンは、彼女が言葉にしていない部分にこそ「本当の意味がある」と直感し、ここから粘っていきます。適当な話をしながら、相手の警戒心を解き、携帯の番号を入手しました。

元アシスタントから、「弁護士に『タイムズ』には話すな」と言われた、と連絡を受けても、ミーガンは明るい声で「いまはまだ最終的な決断を下さないで」と語りかけます。取材を効率だけで考えれば、ここで諦めたほうが得策だという判断もありえたでしょう。しかし、誠実に関係性を維持することで、結果的にミーガンたちは事実を集めることに成功しました。

１９６０年代の名作ノンフィクションも、２０１０年代を揺るがすインターネット時代の

「スクープ」＝**「速報」**とその背後にあった**「物語」**も同じように王道の「良いニュース」なのです。「良いニュース」は簡易な取材記事や単なるオピニオンでもありません。仲間内の賞賛を勝ち取るためのものでもなければ、ＳＮＳの短い言葉で感情に訴えて、シェアを広げるものでもありません。発表までの仕事は地味で、発表してからも方々から批判がやってくるかもしれない。それでも、手を入れた事実をもとに、ニュースを組み立て、書き方を工夫することによって、考え方や政治的な立場が異なる相手を振り向かせます。そして、何より書き手が１００人いれば、１００通りの良いニュースがある画一性とは無縁の多様な世界です。

　一人のライターとして、僕はニュースの未来は、まだまだ可能性に満ちていると考えていますし、活動するなかで手応えも感じてきました。ですが、今は少しだけ危機感を覚えています。多くの書き手が王道を歩む「良いニュース」を出していかない限り、あっという間にスケールの競争に飲み込まれてしまい、ニュースは劣化していきます。スケール以外の競争が活性化すれば、わくわくするような仕事が出て、メディアの価値を社会に認めてもらえるようになると思うのですが、まだこうした動きは弱い。

「良いニュース」を出すためにニュースの発信者に必要なのは、自分がどんなタイプなのか

を見極めることだと思います。人間は誰一人として同じ人はいません。何をおもしろいと思うかにセンスが宿るのですが、センスも磨かなければすぐに鈍ってしまい、最後は人の指示に流されてしまいます。

インターネットというメディアが力を持ってきたのは事実ですが、「良いニュース」がメディアの特性に利用されるばかりではいけません。特性を踏まえたうえで、ニュースを発信する一人ひとりが、多様なニュース空間を生み出す主役になる方法を考えても良いと思うのです。

ニュースの書き手、作り手の三分類

これまで、それなりの数のニュースの書き手、発信者を観察してきた結果、大きく三つのタイプに分類できると考えるようになりました。それは**「内在型」「外在型」「専門型」**です。

「内在型」とは、自分の関心に合わせてニュースを書いていくタイプのことです。大事なことは自分の内面にあって、自分自身の関心を何より大切にして動き出していきます。僕はこのタイプに属するので、基本的にはあらゆるアウトプットが自分の関心を最優先させたものになります。これは好きな仕事しかしないという意味ではありません。依頼を受けたもので

あっても、自分がおもしろいと思える要素を見つけ、そこから考えていく姿勢をぶらさないということです。

「外在型」とは、起きた出来事に反応するタイプです。事件、災害、感染症、芸能、政治……。およそ世の中で何かが発生しないことはありません。起きた出来事に反応するところから外在型の取材は始まります。新聞社やインターネット業界で一番多かったのもこのタイプでした。健全な野次馬根性の持ち主とでも言えばいいのでしょうか。彼らは世の中で話題になっていることに食いつき、徹底的に社会の話題を追いかけようとします。あるいは担当が割り振られた分野でニュースを発掘します。その中で起きる事件を追いかけることが、彼らにとってはニュースを追いかけることになります。

最後は**「専門型」**です。これはある分野に特化した書き手です。一つの分野に精通し、時にプロ以上に詳しくなる。これが専門型の強みです。新型コロナパンデミックに見られたように、科学や医療のような常に注目を浴び続ける分野もあれば、野球やサッカーのようにプロスポーツとして圧倒的な人気を集めるジャンルもあります。第2章でも書いたような、中国や韓国、アメリカといった国に特化するという人もいますし、ある国に住んでそこから情報を発信するという手もあります。住んでいる国や街と別の専門分野（政治、美術や音楽）

をかけ合わせて、さらに希少性を高めるというやり方もあります。

自分がどのようなタイプなのかを見極めておくと、ニュースの三分類との相性も見極められるようになります。

内在型の強み

内在型の場合、**「速報」**と組み合わせることで、自分の関心があるテーマからスクープを生み出す可能性を強めることができます。しかし、同時にこれは弱点も内包しています。関心の外にあるものでは、スクープを取る可能性が狭まるからです。
内在型は**「分析」**でも独自性の高いニュースを完成させることができます。興味を重ねることで自然と取材が進んでいくからです。**「物語」**でも同様です。自分が持っている関心は、オリジナリティを生み出します。僕の仕事で言えば、２０２０年、新型コロナ禍の裏流行語とも言える「自粛警察」のディープストーリーに迫ったレポートがそれです。
この企画は、月刊「文藝春秋」の編集者とともに、「自粛警察」行為に励む26歳のユーチューバーを取材したものでした。自粛警察とは、感染症対策に必要な自粛に協力していない、と彼らが認定する店舗を見つけ、強く自粛を求めるなどの私的制裁行為に及んだ人々の総称

です。

私的制裁の被害はクローズアップされる一方で、自粛警察側の実相は推測を超えた記事を目にすることはなかったのです。彼らの行動を知りたいと思った僕は、直接、「自粛警察」に取材依頼をするところから始めました。

外在型の存在意義

外在型にとって、もっとも華やかな瞬間は、やはり世間にインパクトを与える**「速報」**になります。自分の関心よりも、社会的な関心を優先できるタイプだからこそ、すぐに古びていくニュースに美学を見出すことができるのです。それこそがスクープの原動力になります。絶対に世間の耳目を集めるという確信があってこそ、スクープは生まれるのです。

このタイプの**「分析」**は、視点や切り口の独自性が高いとは言えませんが、派手なスクープの背景分析、舞台裏の解説は外在型にしかできない個性になります。**「物語」**も同様ですが、スクープをとることに比べて、物語を描き出すことに熱心というタイプの書き手は少ないように思います。「自分の視点」より社会の関心を優先するというタイプなので、移ろう関心に反応するほうが向いているとも言えます。

専門型の晴れ舞台

専門型は自分が特化した分野と社会的関心が重なったとき、スクープを連発することがあります。2010年代で言えばSTAP細胞問題（大々的な記者会見で発表された研究論文が、虚偽と不正だらけであったことが発覚。日本の科学界のみならず社会を揺るがすことになった）で各社の科学記者が大活躍しました。スクープだけでなく、問題が起こった背景の**「分析」**、スクープの裏側にあった**「物語」**まで多種多様なニュースが出てきました。

将棋やスポーツも典型的な専門型のフィールドです。将棋なら藤《ふじ》井《い》聡太《そうた》さん、ラグビー日本代表といったエポックメイキングなスター、チームが登場することで分野そのものが活性化し、専門型のライターも活躍します。

一つ事例をあげます。「Number PLUS〈完全保存版〉ラグビーW杯二〇一九　桜の証言」に収録された金《かね》子《こ》達仁《たつひと》さんのノンフィクション「マツシマを止めろ！」はこの切り口があったのか、と思わされた素晴らしい読み物であり、「良いニュース」でした。大会で重要なトライを決めていた松島《まつしま》幸《こう》太《た》朗《ろう》選手の凄さは散々語られてきました。本人のインタビューも充実しています。金子さんは、高校生時代に松島が決めた伝説のトライに関わった選

手たち、特に決められた側の大阪朝鮮高校の関係者を取材し、たった一つのプレーから松島選手の凄さを照らし出すという方法で挑んだのです。

もしかしたらサッカーを主戦場としてきた金子さんにとって、ラグビーは「専門」と呼べるものではないのかもしれません。ですが、限られたシーンから人物を照らし出すという方法は「江夏の21球」以来、Ｎｕｍｂｅｒの伝統に連なるものであり、スポーツライターとしての技法がふんだんに盛り込まれている作品であったと思うのです。

インタビュアーとは何か

新型コロナ禍は「良いニュース」を考えるうえで、重要な問題を投げかけました。そもそも、人と人との接触がリスクとされる状況となり、取材そのものがハイリスクな行為となってしまったからです。その中で再び注目されるようになったのが、インタビュー記事です。「ステイ・ホーム」が呼びかけられるようになってからというもの、多くのメディアで、自宅か職場からネット回線をつないでリモート取材をすることが一般化しました。たとえば、新型コロナ患者の治療に取り組む専門家からオンラインでインタビューを取り、それを一問一答でまとめるといったものが、マスメディアでも広がっています。直接会って話している

記事でも、リモート取材のような質問をしているケースも目立ちます。

こうした記事が方々から出てくるということは、それなりに読まれ、社会的評価もついてきているということなのでしょう。インタビューは、そもそもインターネットとの相性が非常にいいジャンルなのです。

大きな理由は、現場取材と比べて、コストパフォーマンスがすこぶる良いことにあります。1人の専門家にインタビューして記事化したほうが、何人も取材してまとめた記事よりはるかに効率良く記事本数とPVを稼ぐことができます。1人ごとにまとめても1本、3人取材して3本まとめて配信すれば3本分のPV数につながります。それぞれ前後編で構成すれば、3人の取材で6本の記事を出したことになります。

インタビューはインターネットの「ムラ社会化」とも相性が良いのです。特定の専門家の主張に沿ったインタビュー記事を出せば、彼らの「コミュニティ」から「この書き手は凄い」ともてはやされ、インタビューを受けた側、そして、そのフォロワーからも賞賛がついてきます。こうして、特定の専門家がスターとなり、一つの「権威」になるという現象が起きます。「ムラ社会の論理」をよく知る記者はプロの常識と、社会の疑問の間に立つ意識を失い、内輪話の量産に陥っていくことになるのですが、短期的な数字や評価はついてきます。

しかし、流行しているわりに「良いインタビュー」は不思議と少ない。こうしたインタビューはリアルタイムで起きている「出来事」の解説で、すぐに古びてしまうからです。解説は解説で「必要なニュース」であることは間違いないですし、それ自体が「良いニュース」になる可能性もあります。しかし、本来はそこまで単純ではない問題を専門家からお墨付きを得る、あるいは専門家から「そのとき」の「答え」を教えてもらうだけになるというリスクも抱えます。専門家の「正論」ばかりが大々的に扱われるメディア空間でも、「多様性」が真っ先に犠牲になります。ニュースの書き手はそこに気を配る必要があるのですが、はたしてどれほどできているでしょうか。

インタビューは何も出来事を知るものばかりではありません。インタビュアーの力が問われるのは、「人を知る」インタビューです。特に何度も取材を受けている人の場合、インターネットを検索すれば通り一遍のことがわかります。プロモーションのために受けている取材もあれば、過去の動画だって出てくる。何か違うものを引き出すことができるのか。インタビューを受ける側すら知らない、その人の一面や可能性を引き出すことができるのか。僕自身もできているとは言えませんが、いくつか良いインタビューのヒントになるような仕事があります。

たとえば、文芸誌「群像」2020年5月号に掲載されたミュージシャン、佐野元春さんのインタビュー「時代を切り拓いた都市の詩」という仕事です。僕はこんなことを考えていました。一方的に「答え」を聞かれるようなインタビューに佐野さんは飽きているだろう。ならば、佐野さんの詩を読み込んで、読解を聞いてもらったほうが何かを語りたくなるのではないか。「私」とインタビュイーの「対話」の中から、彼の見てきた風景を言葉にしていくほうがおもしろい……。

石戸　最近の曲の中で言えば「新しい雨」が面白いです。「みんな 好きな事をしてる」。だけど、どこかで風向きが変わるのを待つ人たちの姿を描いているわけです。この中で「今」に満足している人は登場しない。

「今」は彼らにとって必ずしもいい状態ではない。それは社会情勢がそう思わせているのかもしれないし、現実に危機が迫っているのかもしれない。そこで彼らは連絡を取り合おうと呼びかけ、お互いに励まし合っている。

これまで一貫して語られてきた、ニヒリズムに陥らず、今いる場所に満足できず別の場所を希求している人々、残りの一％を探す人々がここにも登場していきます。今じゃないとは思ってい

るけれども、今じゃないからといって諦めていない。風向きは変わることを確信しています。

佐野　僕のソングライティングの本質がそこにあるかもしれないね。振り返ってみると、自分はいつも主流に対する傍流、メインストリームに対するオルタナティブだったと思う。そうなりたいと思っていたわけじゃないんですけど。

傍流というのは、限りなく主流に近づこうとするときに大きなエネルギーを発する。大きなエネルギーとは何かといったら、何かを変えていくエネルギーです。でも、前衛ではない。変革をなし遂げるためには、多くの人たちの同意と情熱と共感が必要。いい曲が書けたらいつもそれをライブで唄いたいと思う。心の中で観客に「どう?」って問いかける。いつの時代も観客が答えを知っている。

（「時代を切り拓いた都市の詩」）

この言葉を聞いたときに、非常に手応えを感じていました。すごい言葉を聞いたとき特有の、背筋がピンと伸びたような感覚があったからです。それも単に良い言葉だからではない何かがありました。インタビューを構成しながら、いつのまにか僕は自分自身の過去を振り返っていたのです。主流から外れ、傍流を歩くようになっていたのだけれども、何かを変えていくようなエネルギーをもったものを発信しているだろうか、と。

良いインタビューや良い対話は、そのまま「良いニュース」になる力を持っています。それは正しい知識の伝達や、時々の正解（とおぼしきもの）を知っている人に教えを請うという価値ではありません。読んだ人や聞いた人が自分を省みることができること。ここに「良い」と言える価値が宿るのです。

良い取材をスパイ小説に学ぶ

この本の冒頭でも書きましたが、「自分だけの教科書」はニュースの世界を歩いていくためのコンパスになります。自分だけの教科書――。それは何もノンフィクションやジャーナリズムの名作に限る必要はありません。

僕の例で言えば、スパイ小説で有名なジョン・ル・カレからも影響を受けています。詐欺《さぎ》師《し》の父親のもとに生まれ、実際にイギリスのスパイだったという本人の人生が実に味わい深いのですが、僕が彼から学んだのは、時に不合理な現実の人間を肯定していく姿勢です。

何かにつけ「自分の正義」が横行するメディア環境のなかで、ニュースの主役になる「人間」を問うこと。ここから良いニュースが生まれるのではないか。

「もし本物の真実というものがあるとすれば、それは事実のなかではなく、物事の機微《ニュアンス》のな

かにある」

ル・カレは自伝的なエッセイ集『地下道の鳩』のなかで、こんな言葉を書いています。僕はル・カレ晩年の作品『スパイたちの遺産』を読んだとき、作品の中に生きるスパイたちの心情をこれほど的確に表現した言葉はないと思いました。彼の作品に出てくるスパイの常識は、この社会の常識と真っ向からぶつかっています。スパイと言えば時に法を犯してでも情報を奪い、敵国を追い込み、国家に殉《じゅん》じるというイメージがあります。これは一面では当たっているでしょう。ですが、ル・カレが描くのはそれだけではありません。

作品に漂うのは組織の論理と個人の良心の間に生じる葛藤であり、多くの偽りのなかで生きていくことを選ばざるを得ないスパイたちの悲哀です。悲哀はどこまでいっても個人のものであり、誰にも代替できず、最後まで理解されることはないのです。彼らはマシーンではなく人間であり、人間であるからこそ組織と個人の良心のズレに苦しむ。彼らが苛《さいな》まれる孤独は立場を超えて、歴史を超えて、僕の心情とも重なってくるように思えます。

『スパイたちの遺産』では、ル・カレが生み出した老スパイ、ジョージ・スマイリーが最後の活躍をします。『寒い国から帰ってきたスパイ』（以下『寒い国〜』）、『ティンカー、テイラー、ソルジャー、スパイ』といった大傑作の続編にあたる作品です。主人公はスマイリーの

右腕として活躍したピーター・ギラムです。タイトルにもなっている「遺産」というのはポジティブな意味ではありません。あらすじはこうです。

ある日、引退したギラムのもとに一報が入ります。ギラムの友人で『寒い国〜』である作戦の犠牲になったスパイの子供たちがイギリス諜報部を相手取り、訴訟を起こすという。作戦に関与したスマイリーとギラムの責任を問うというのです。法的な視点で事実だけ捉えれば、冷酷無比なスマイリーらが旧東ドイツの諜報《ちょうほう》機関を弱体化させるために立てた「失敗必至で大言壮語で準備不足の作戦」で、親は死んでいったというストーリーが成り立つ。冷戦後を生きる子供たちはそう考えています。

冷戦期の「遺産」騒動に巻き込まれた現役の諜報部員たちが、訴訟に先立ち作戦の詳細を調べようとしても、当時の資料が丸ごと消えており何もわからない。すべてを知るはずのスマイリーの行方も掴めず、追及の矛先はギラムに向かいます。最初はシラを切っていたギラムもついに資料を明け渡す。作戦の裏にあったギラムと友人の関係、そしてギラムが本名すら明かせないまま深く愛した女性の存在が次々と明かされ、彼自身も過去を調べるなかで生じた疑念を、見つけ出したスマイリーにぶつけていく——。

この作品における「物事の機微」はいったいどこにあるのでしょうか。スマイリーは服装

には頓着《とんちゃく》せず、小太りかつ猫背で分厚い眼鏡をかけています。派手なアクションとも無縁で、一人で机に座り黙々と資料を読むほうが似合っている。そんなスパイです。

ル・カレは英国の諜報機関で働いていたこともあるので、情報戦には人間的要素が複雑に絡み合うものであることを知っていたのでしょう。描かれるのは組織にありがちな誰かに認められたいという欲、失敗を取り戻したいという思い、理想、愛情です。完全無欠かつ冷酷なスパイはどこにもいません。作家の池澤夏樹《いけざわなつき》さんはル・カレの作品を評し「イギリスの作家だからもちろんイギリス側から書いているけれど、情報戦の空しさという点では両サイドを同じように扱っていた」（『池澤夏樹の世界文学リミックス』）と書いています。

その象徴的な場面は、カーラに勝利を収めた『スマイリーと仲間たち』のラストシーンにあります。戦いを終えたスマイリーは橋をながめます。何か変化があったのだろうかと問いながら。しかし、橋は何も変わっていない。「風がいくぶん強まったような気もしたが、雪はあいかわらず前後左右に乱れ舞っていた」だけなのです。ギラムがスマイリーの腕に触れながら「行こう」と言う。スマイリーはツイードのコートからネクタイを引っ張り出す。例の分厚い眼鏡を外して、タイの大剣で拭きます。車に向かって歩きながらギラムは言います。

「ジョージ、あんたの勝ちだ」（……）
「わたしの？」とスマイリーはきき返した。「うん。そうだな、そうかもしれない」
（『スマイリーと仲間たち』）

このシーンに込められているのが、情報戦のむなしさです。勝利という事実は聞こえがいい。しかし、真実は多くの犠牲を払った空しいものであることをスマイリーは知っているのです。彼も敵役のソ連のスパイ、カーラも弱点を抱えた人間同士で、お互いにそこを突こうとしていました。ギラムに言わせればスマイリーは「他人の弱みはすべて知っているのに、自分の弱みは禁欲的なほど認めたがらない」のです。これはある部分ではル・カレ自身の生き方を投影しているようです。

ル・カレは、『寒い国～』を通じて言いたかったことは「個人は思想よりも大切である」という考え方だったと語っています。スマイリーも同様にある意味では駒として人を利用し、作戦を実行に移していきます。そこには、個人よりも思想を優先するというスマイリーが顔を出しているように読めます。しかし、スマイリーが本当に冷酷なスパイならば、ラストシーンで高らかに勝利を宣言し、「よしピーター、祝杯をあげよう」とでも言って終わったで

しょう。彼はそんなことはしないまま、「そうかもしれない」と歯切れの悪い言葉を残すだけなのです。ＢＢＣの愛に満ちた追悼記事もそこを指摘しています。

> 冷戦まっただなかの１９６３年に発表された「寒い国から帰ってきたスパイ」は、決して勧善懲悪などでは済まされない世界を描いた。共産圏のみが常に悪で、西側のスパイは正義のヒーロー、汚い真似などしないという当時の読者の多くが抱いていた思い込みに、異を唱える作品だった。犯罪小説に与えられるゴールデンダガー賞を受賞し、リチャード・バートン主演で映画化もされた。
>
> イアン・フレミングが作り出したイギリスのスパイ、ジェイムズ・ボンドと異なり、ル・カレ作品のスパイは皆、過ちを犯しやすい弱い人間として描かれている。誰もが自分の欠点だけでなく、自分が仕える国や体制の欠点をも否応なしに承知している世界だ。
>
> （ＢＢＣ日本版「追悼：英作家ジョン・ル・カレ氏　スパイ小説で弱い人間を描き続け」）

スマイリーやギラムは正しいか否かというありがちな問いを立てれば、その答えは見方によって変わるとしか言えません。人間の感情を巧みに利用しながら、作戦を立てるスマイリ

ーは倫理的には「正しくはない」でしょう。しかし、イギリス側の視点から西欧民主主義を守るためソ連の諜報機関と戦うという観点で評価すれば「正しい」となります。

単純な二項対立は、その「間」にあるはずのニュアンスを消失させていくのです。スパイたちも国家のメカニズムに組み込まれています。スマイリーも言い訳をしたいのならば、組織のせいだった、命令されたのだから仕方なかった、当時の情勢のせいだったと言えばいいだけです。それなのに、スマイリーは人知れず苦悩しているのです。ギラムは『スパイたちの遺産』のラストでやっとスマイリーを見つけます。

「何かわたしを責めるつもりで来たんだろう、ピーター。当たりかな？」（……）
「それはわれわれがしたことについてかな？　あるいは、なぜしたのかということについて？」
（『スパイたちの遺産』）

優しい口調でギラムに問いかけながら、彼はこれまで誰にも吐露《とろ》していなかった理想を語ります。当惑の笑みを浮かべながら語った後、深く、長い沈黙がありました。ギラムが推測するように当惑は自身に向いているのです。

スマイリーは理想を語ったところで、人間としての罪が許されるとは思っていません。行動と理想の間に矛盾をはらんでいることも、その葛藤が誰にも理解されないことも知っています。表面的な「事実」を並べているだけでは、その背後にいる人間は見えてこないのです。ニュースは、時に善悪を問い、物事をはっきりさせようとします。僕もそうした取材に何度も加わってきました。時に善悪をはっきりさせて、ダメなものを批判する取材は必要です。でも、すべてがそれではいけないのです。それだけでは、伝える方法は多様なのに、あまりにも単調な見方を広げてしまうだけなのだから、と自分に言い聞かせてきました。事実の裏側に何があるのか、事実を積み上げた先に心の機微にまで触れることができるのか。

　ニュースは人間が生み出し、社会現象も人間が作り出します。読みながら、問いはライターである僕のスタンスにも向けられることに気がつくのです。機微は人の心に宿ります。真実を知るとは、人間を知ることなのです。組織の論理を優先し、自分の良心を押し殺すことがあったとしても、人間は考え続けることができます。

　その姿勢を肯定することが、現代の、特に「良いニュース」でも大事ではないか。僕はそう思うに至ったのです。

終章
ニュースの未来

ピート・ハミルの警鐘

ピート・ハミルが『新聞ジャーナリズム』の中で、とりわけ強い警鐘《けいしょう》を鳴らしていたのがドナルド・トランプの存在でした。日本語版の発行が２００２年ですが、その14年後にトランプが誰もが予想し得なかったアメリカ大統領になったのはなぜか。ハミルの考察は今なお読むに値します。

「トランプのモットーはさしずめ『我、書かれる。ゆえに我あり』といったところだろう」

「自分を売り込み、功績を膨らませて吹聴し、時には本当の功績にしてしまうことにかけて彼は天才だ」

トランプはゴシップを書く記者やコラムニストに電話をかけて、自分を積極的に売り込み、スキャンダルも含めて書かれることを望んだのです。トランプという超有名人が、ニュースとして報じられるような「動詞」があれば報道するに値するけども、どうでもいい「動詞」ならば報道する必要はない、というのがハミルの考えです。しかし、少なくないメディアが彼について、どうでもいい「動詞」で報じ続けてきた。その帰結が２０１６年のアメリカ大統領選挙です。

単なる有名人候補だったトランプは、「我、報じられる。ゆえに我あり」という姿勢でメ

ディアを席巻《せっけん》し、多くの人々が予想しなかった形で大統領選挙で当選したのです。トランプ大統領時代、２０１０年代後半のアメリカ政治の混乱は、典型的な陰謀論である「トランプが選挙で負けたのは不正選挙だったから」論を真に受けた支持派による連邦議会襲撃事件という不名誉な帰結を迎えました。

　ハミルの本を読む限り、トランプの危うさに気づいていたメディア人は彼だけではなさそうです。多くは、彼が「ニュース」を自ら作り、彼に売り込まれていると知っていながら目先の結果に飛びつき、「トランプ」という存在をより大きな影響力を与える存在へと変えていきました。今なら、こう言えるでしょう。良いニュースとも必要なニュースとも言えない、「不必要なニュース」を目先のＰＶやシェア数のためにライターや編集者たちが飛びついた、と。トランプを別の有名人に、「電話」を「ＳＮＳ」や「テレビ」の発言に変えれば、よく知っているインターネットのニュース空間に変わります。

　第二のトランプが登場する土壌は、確実に耕されているのです。ハミルが繰り返し「ニュースは動詞」だと強調しているのも、有名人だからという理由で報道されていくニュースの危うさを知っているからです。

メディアリテラシーの転換

「真実が靴の紐を結ばぬうちに、虚偽のニュースは世界を一周してしまう」という言葉があります。現代風に直せば、フェイクニュースの拡散力は、本当のニュースよりも速いということです。『ハックルベリー・フィンの冒険』で知られるアメリカの作家、マーク・トウェインの言葉とされているのですが、本当のところはよくわかりません。

この警句は第二次世界大戦下の日本でも、ニュースに携わる人々の間では知られていたようです。京都大学教授の佐藤卓己《さとうたくみ》さんは、『流言のメディア史』のなかで「フェイクニュース」や「ポスト真実」は21世紀、つまり「今」を象徴する言葉なのかと問いかけます。１９４０年にもフェイクニュースは世界中を駆け巡っていたからです。

その一つが「ドイツ占領下のノルウェーの軍港トロンハイム、ベルゲンをイギリス海軍が奪回したという架空の『目撃記』がロンドン、ストックホルム発の特電として掲載された」ことです。「東京朝日新聞」が、ことの経緯を説明する記事を掲載しています。そこで書かれていたのは、ストックホルムのホテルの一室にいた男が、スウェーデンのラジオでまったく根拠のない「デマ」を放送し、それが世界中に広まったというものでした。

私の脳裏に浮かんだのはパソコンの前でニュースを捏造するマケドニアの青年の姿だった。二〇一六年の米大統領選挙期間中にＳＮＳ上に氾濫した「ローマ法王がトランプ支持を表明した」「ヒラリー・クリントンはシリア戦争でもうけている」などのフェイクニュースを量産したのは旧ユーゴスラビアのマケドニア共和国ヴェレスに住む青年だった。

（『流言のメディア史』）

ちなみに、当時もマスコミの報道を戒め、報道内容の「ファクトチェック」をするメディアはありました。大きな構造は１９４０年代の世界も、２０２０年代も大きく変わってはいません。

こうした状況を指摘すると、すぐに出てくるのが「一人ひとりが正しい知識を持って、メディアを批判的に読解するリテラシーが必要」というものです。たしかに、これができたら素晴らしいと思います。ですが、現実はそう単純なものではありません。政治学者の秦正樹《はたまさき》さん（京都府立大学准教授）が実証的に明らかにしたように（『中央公論』２０２１年５月号『正しい知識』が陰謀論を助長する」）、政治について知識のある人々のほうが陰謀論——より正確にはインターネット上の右派的な陰謀論——の影響を受けやすいことが明らかになっています。

これは端的に正しい知識が陰謀論の防波堤にはなり得ないということを示しています。注意が必要なのは左派、リベラル層が陰謀論の影響を受けないかというとまったくそんなこともないということです。これも秦さんの論考ですが（『現代思想』２０２１年５月号「右も左も「陰謀論」だらけ？」）、「自らの支持政党を『天敵』から守るための道具として陰謀論を用いるという意味では両派とも『同じ穴の狢《むじな》』」となるのです。

メディアの世界に身を置いていると、これは非常によくわかります。「マスゴミ」と揶揄をする人々も、「この報道には政府の意図がある」などと、したり顔でツイートする人々も、政治について無知なのではなく、かなり豊富な知識を持ってメディアを「批判的に読み解いて」いるのです。メディアを疑い、鵜呑みにしないからこそ、彼らは「マスゴミ」と批判し、証拠の有無に関係なく、報道の裏にある何かを察知します。これまでのメディアリテラシー論は、敵対的メディア認知と呼ばれる人間のバイアスと相性が良いのではないかと僕は考えていました。

敵対的メディア認知とは「とくに党派性が強い人ほど、マスメディアには自分と反対側のバイアスが掛かっている、そしてこうしたバイアスが自分にとって好ましくない影響を人びとに与えている、と考える傾向」（谷口将紀《たにぐちまさき》『政治とマスメディア』）を指します。党派性が強

くなるのも、相応の知識を積み上げた結果です。マスコミは、自分の考えと反対で、しかも大多数の人たちに特定の考えを流して影響を与えているとさしたる根拠もなく思ってしまうのも人間の特性のようです。

これは知識を伝えることが不要であることを意味していません。この本の中でも取り上げた笹原さんの『フェイクニュースを科学する』によれば、メディアリテラシーが高い人はフェイクニュースに騙されにくいという研究もあるのですが、まだまだ追加の研究が必要なものです。社会問題にしても、政治についても何も知らないよりは、やはり前提となるような知識は必要でしょう。問題は「知識を与えれば、問題は解決できる」「教育が切り札になる」という知識を与えたい側の短絡的な思い込みにあるのです。

佐藤さんは、現代のメディアリテラシーの核心を「あいまい情報に耐える力である」と記しています。その通りだと思いますが、こうしたリテラシーは誰にとって必要なのかをもっと考える必要があります。「広く、あまねく、社会」にとって必要だと言えばその通りですが、それは長期的な目標になるでしょうし、若い世代から「教育」をすることによって今すぐにどうにかなるものとも思えません。どんな方法の教育が必要なのかもなかなかイメージしづらいものがあります。

そこで、こう問いを変えてみましょう。まずもって「あいまい情報に耐える力」が必要なのは、あるいは高める必要があるのは誰なのか。僕の考えはこうです。それは志すものも含めてライターや編集者、映像制作に関わっているニュースの発信者たちである。

佐藤さんの定義は、精神医学の世界でネガティブ・ケイパビリティと呼ばれているものに接近します（信濃毎日新聞２０２０年９月20日付）。直訳すると「負の能力」ですが、これには解説が必要でしょう。精神科医で作家の帚《ははき》木《ぎ》蓬生《ほうせい》さんによる、そのものずばりの『ネガティブ・ケイパビリティ　答えの出ない事態に耐える力』では、このように定義されています。

「ネガティブ・ケイパビリティ（negative capability　負の能力もしくは陰性能力）とは、『どうにも答えの出ない、どうにも対処しようのない事態に耐える能力』をさします。

あるいは、『性急に証明や理由を求めずに、不確実さや不思議さ、懐疑の中にいることができる能力』を意味します」

ここまで書いてきたように、現実の社会ではどうにも答えの出ない問題ばかりです。新型コロナウイルスパンデミックはその典型です。こうした問題に対して、あまりにも性急に答えを出そうとしたり、「問題だ、問題だ」と指摘を続けたりしたところで解決からは遠のい

ていきます。

マスメディアからインターネットにメディアの主役が移行しようとしているなかで、ニュースの伝達速度は急速に上がっています。メディアの速度に人間も合わせようとしていますが、そこまで急ぐ必要のないこともあります。複雑な問題に対して、一つの仮説を構築するのにも相応の時間がかかります。それを検証するのにも時間がかかるのです。自分なりの答えが見えたとしても、見落としていたものがある可能性は常に残りますし、別の取材で仮説を変更しなければならなくなる何かが見つかるかもしれません。

毎日のようにＳＮＳで怒りを表明し、感情の連帯を強め、インフルエンサーになることも大切ですが、現場に足を運んだり、立場の異なる人間と対話をしたり、方法を考えることで研ぎ澄まされていく「複雑さ」への感覚はもっと大切です。いつだって急いでニュースを出すのではなく、一旦立ち止まって、考える時間を大切にするニュースを出す割合をちょっとずつ上げていくこと。速く伝えるニュースと、答えのない時間を耐えた後に出すニュースを使い分けること。そんな力を積み上げた先に、良いニュースへの道は切り開かれるのではないでしょうか。

ケイパビリティとは「力」です。力は才能ではありません。生まれ持ったギフトの有無で

決まるのではなく、力は鍛えることができるのです。「固有名詞」や速度に流されるのではなく、押し流されないだけの力を持った作り手が一人でも増えていけば、ニュースの世界はもっともっと豊かになっていくはずです。

職業としてのニュース

ニュースの世界でも書き続けることができる人は、一つの共通点があるように思えます。それは、新しいことをやりたいという思いの強さです。彼らは良いインプットを常に欠かすことがありません。テレビ、映画、ドラマ、音楽、スポーツ、漫画、絵画……。インプットはなんでもいいのです。貪欲なインプットを自身のアウトプットにつなげようとする一点において、彼らは書き続けることができています。

今、ニュースの世界は希望がほとんどないように見えます。新聞、出版、テレビ、ラジオといったメディアはどこも苦戦ばかりが伝えられます。僕も独立して実感するのは、ライター一人ではどうにもならないことばかりだという現実です。それはマスメディアに限った話ではありません。ＳＮＳにしても、動画配信サービスにしても、ブログにしてもどこかの企業がシステムを作ってくれなければ発表先がなくなります。読者、編集者と出版社がなくな

れば本を出すこともできません。

原稿を書くということは、誰かがお金を払ってくれるということです。僕はコメンテーター業もやっていますが、それもテレビやラジオの制作者たちが依頼をしてくれているから成り立っています。

ニュースの世界は、これまで以上に誰かが楽をしようと思ったら、ゲーム自体が終了という時代に突入しています。物事の「機微」に居場所はなくなり、感情を満たすばかりのニュースや憎悪を駆り立てるフェイクが世の中を覆っていくかもしれません。良いニュースが１本でも増えて、良いニュースを待ち望んでいる人が１人でも増えて、良いニュースが届けられる環境が整って、良いニュースが経済的な利益をもたらす世界——。僕は、そんな世界になればいいなと思っていますが、これこそ１人のライターではどうしようもありません。放っておいたら、コミュニケーションツールは増えたのに、ニュースのほうは前以上にパターン化されるという未来がやってきそうです。

良いニュースを増やすこと、良いニュースの市場を開拓すること、良いニュースが届けられるメディアの仕組みを作ること、良いニュースの利益が上がるようなシステムを開発することは、それぞれにプロが必要とされるでしょう。そして、誰かがサボってしまえば、今以

上に状況は劣化していきます。

これは困難な道かと聞かれたら当然、イエスと答えます。イエスですが、挑戦する価値がある道ではないでしょうか。こうした挑戦をしてきたのは、今の時代に限りません。先達も挑戦し、その時代ごとに新しい方法を生み出し、次にバトンをつないだのです。もし、これに挑戦したくないのだという人がいれば、そういう人は残念ですがニュースの世界には向いていないと思います。もしかしたら、過去のパターンを分析しPVを生み出すことはできるかもしれませんが、所詮、数字を取っただけで終わります。

こうした状況であっても、否、こうした状況であるからこそ、少しでも新しいものを生み出したいという発信者がニュースの歴史に連なり、挑戦を欠かさない実践によって未来を切り開き、次の時代のニュースを「創造」していくバトンを受け取るのです。

おわりに

「すでに見たものでなく、すでに繰り返されたことでなく、新しく発見すること、前に向かっていること、自由で心躍ること」

コム・デ・ギャルソン社の１９９７年のＤＭに書かれた言葉です。僕は最先端のモードの世界で、常に刺激的なコレクションを発表してきたコム・デ・ギャルソンから大きな影響を受けてきました。デザイナーにして、社長の川久保《かわくぼ》玲《れい》さんの仕事をずっと尊敬してきたのです。社会人になってからの目標の一つは、自分の仕事で得たお金で、川久保さんがデザインした服を着ることでした。

その大きな理由は、彼女が責任を伴った企業のトップ、ビジネスパーソンでありながら、

斬新なクリエイションを発表していること、ビジネスとクリエイションを高い次元で両立させていることにありました。

独立した精神と気概、新しさへの挑戦が詰め込まれている服——それが僕にとってのコム・デ・ギャルソンです。

僕もライターとして、いつも新しいテーマを世に問いたいと思っています。前に向かっていく良いニュースを出していきたいと思っていますが、それにはエネルギーが必要です。加えて、出した本や僕の文章が掲載された雑誌を買ってくれる人がいないと、生活ができなくなります。僕も新しいものを出すことと、自分のビジネスを両立させないといけないのです。

良いニュースは、クリエイティブです。冒頭の言葉の意味が、ここまで読んでいただいた方にはわかってもらえると思います。そこで、いつも思い返しているのが「すでに見たものでなく〜」という言葉です。

今、ニュースの世界では「今までの繰り返しではない報道をしよう」という気概がどんどんなくなり、作り手は批判に萎縮しています。僕も時に怯んでしまい、無難なほうへ、無難なほうへと流される原稿を書いてしまいそうになります。「あれがダメ」「あっちのほうがもっとダメ」で終わらせたほうが楽ですが、それでは過去の焼き直しです。

つまらないものではなく、もっとパワーがあるもの、強い原稿を出し続けていかないといけません。

冒頭にも記しましたが、この本の特に前半部は、東京大学大学院情報学環教育部で非常勤講師として2年間担当した講義がベースになっています。今、わざわざニュースの世界に飛び込みたいなどという学生はかなり少数派ですが、僕としてはこの仕事はいつだっておもしろいのだということを伝えようと思っていました。彼らとの議論で多くを学びました。この本は学生なくしては存在しませんでした。

受講した学生たち、そしてお声がけいただいた林《はやし》香里《かおり》さん（東京大学教授）にも感謝したいと思います。

担当編集者の田頭晃さんにも感謝します。約束より、原稿が遅れてしまいましたがその点はご容赦ください。

ニュースの世界はいつだって新しく、自由な方法への挑戦がありました。僕はそれを「良いニュース」を創るための冒険として捉えています。それこそが伝統であり、伝統の力は簡単に潰えるものではないのです。結局、僕は一冊を書き終えて、冒頭と同じ言葉に戻っていくことになりそうです。

ニュースの未来は魅力的で可能性に満ちている、と。

2021年7月、雨の東京で——。

石戸諭

主要参考文献

ガブリエル・ガルシア＝マルケス著、鼓直訳『百年の孤独』新潮社
ガブリエル・ガルシア＝マルケス著、旦敬介訳『幸福な無名時代』ちくま文庫
柳田邦男『事実を見る眼』新潮文庫
笹原和俊『フェイクニュースを科学する　拡散するデマ、陰謀論、プロパガンダのしくみ』ＤＯＪＩＮ選書
加藤秀俊『取材学　探求の技法』中公新書
千野帽子『人はなぜ物語を求めるのか』ちくまプリマー新書
沢木耕太郎『紙のライオン　路上の視野Ⅰ』文春文庫
沢木耕太郎『テロルの決算』文春文庫
沢木耕太郎『一瞬の夏』上下、新潮文庫
毎日新聞社編『日本を震撼させた２００日　記者の眼　ロッキード疑獄』毎日新聞社
別府三奈子『ジャーナリズムの起源』世界思想社
ダニエル・カーネマン著、村井章子訳『ファスト＆スロー　あなたの意思はどのように決まるか？』上下、ハヤカワ・ノンフィクション文庫
レイモンド・チャンドラー著、清水俊二訳『さらば愛しき女よ』ハヤカワ・ミステリ文庫
ピート・ハミル著、武田徹訳『新聞ジャーナリズム』日経ＢＰ

玉木明『言語としてのニュー・ジャーナリズム』學藝書林
ゲイ・タリーズ著、常盤新平訳『汝の父を敬え』上下、新潮文庫
ゲイ・タリーズ著、沢田博訳『名もなき人々の街』青木書店
ゲイ・タリーズ著、沢田博訳『有名と無名』青木書店
山際淳司『江夏の21球』角川新書
マシュー・ハインドマン著、山形浩生訳『デジタルエコノミーの罠　なぜ不平等が生まれ、メディアは衰亡するのか』ＮＴＴ出版
東浩紀『ゲンロン戦記　「知の観客」をつくる』中公新書ラクレ
Ａ・Ｒ・ホックシールド著、布施由紀子訳『壁の向こうの住人たち　アメリカの右派を覆う怒りと嘆き』岩波書店
河崎吉紀『ジャーナリストの誕生　日本が理想としたイギリスの実像』岩波書店
ジョディ・カンター、ミーガン・トゥーイー著、古屋美登里訳『その名を暴け　＃ＭｅＴｏｏに火をつけたジャーナリストたちの闘い』新潮社
ジョン・ル・カレ著、加賀山卓朗訳『地下道の鳩　ジョン・ル・カレ回想録』ハヤカワ文庫ＮＶ
ジョン・ル・カレ著、加賀山卓朗訳『スパイたちの遺産』ハヤカワ文庫ＮＶ
ジョン・ル・カレ著、宇野利泰訳『寒い国から帰ってきたスパイ』ハヤカワ文庫ＮＶ
ジョン・ル・カレ著、村上博基訳『スマイリーと仲間たち』ハヤカワ文庫ＮＶ

主要参考文献

池澤夏樹『池澤夏樹の世界文学リミックス』河出文庫
佐藤卓己『流言のメディア史』岩波新書
谷口将紀『政治とマスメディア』東京大学出版会
帚木蓬生『ネガティブ・ケイパビリティ　答えの出ない事態に耐える力』朝日新聞出版
石戸諭『リスクと生きる、死者と生きる』亜紀書房
石戸諭『ルポ　百田尚樹現象　愛国ポピュリズムの現在地』小学館

石戸諭（いしどさとる）

1984年、東京都生まれ。ノンフィクションライター。立命館大学法学部卒業後、2006年に毎日新聞社に入社し、2016年にBuzzFeed Japanに移籍。2018年に独立してフリーランスのライターに。2020年に「ニューズウィーク日本版」の特集「百田尚樹現象」で「第26回編集者が選ぶ雑誌ジャーナリズム賞作品賞」、2021年に「文藝春秋」掲載のレポートで「PEPジャーナリズム大賞」を受賞。週刊誌から文芸誌、インターネットまで多彩なメディアへの寄稿に加え、フジテレビ、朝日放送などへのテレビ出演と幅広く活躍中。著書に、『リスクと生きる、死者と生きる』（亜紀書房）、『ルポ 百田尚樹現象　愛国ポピュリズムの現在地』（小学館）。

ニュースの未来《みらい》

2021年8月30日初版1刷発行

著　者 ── 石戸諭
発行者 ── 田邉浩司
装　幀 ── アラン・チャン
印刷所 ── 萩原印刷
製本所 ── ナショナル製本
発行所 ── 株式会社光文社
東京都文京区音羽1-16-6（〒112-8011）
https://www.kobunsha.com/
電　話 ── 編集部03（5395）8289　書籍販売部03（5395）8116
業務部03（5395）8125
メール ── sinsyo@kobunsha.com

 ISBN 978-4-334-04559-3

光文社新書

1148

腸と森の「土」を育てる

微生物が健康にする人と環境

桐村里紗

人の不調と、環境の不調は「土」でつながっている——最も身近な自然環境＝「腸内環境」と心身の関係、日々の食事の選択の重要性と方法を「プラネタリーヘルス」の観点から説く。

978-4-334-04556-2

1149

世間体国家・日本

その構造と呪縛

犬飼裕一

この国を支配する「空気の構造」とは？　そして、他人の目が気になるのはなぜ？　家庭で、学校で、社会で、人の心の中で、世間体はどう作用しているのか。歴史社会学者が多角的に考察。

978-4-334-04557-9

1150

「孤独」という生き方

「ありのままの自分」でいることのできる、自分だけの居場所を求めて

織田淳太郎

自らの体験に加え、孤独な生き方を実践する人たちへの豊富な取材を基に、人間の根源的な欲求を突き詰め、真に「生きる」とはどういうことかを考察する実用的ノンフィクション。

978-4-334-04558-6

1151

ニュースの未来

石戸諭

テレビ、新聞、出版…ニュースを巡る環境が悪化するなか、本当にこれらのメディアに未来はないのか。気鋭のノンフィクションライターが、ニュースの本質とその未来に迫る。

978-4-334-04559-3

1152

「ボヘミアン・ラプソディ」の謎を解く

〝カミングアウト・ソング〟説の真相

菅原裕子

同名映画も大ヒットした「過去1000年で最も重要な曲」にフレディ・マーキュリーが込めたメッセージとは。膨大な資料をもとに、近年ささやかれている、ある「仮説」を検証。

978-4-334-04537-1